Romana Sprawka

Terapia logopedyczna różnicowania artykulacji głosek sz — s, s — ś, sz — ś

Scenariusze zajęć

Redakcja: *Renata Malek*
Redakcja techniczna: *Witold Preyss*
Projekt okładki: *Sandra Dudek*
Zdjęcie na okładce: © by pressmaster / Fotolia.com

© Copyright by Romana Sprawka, 2012
© Copyright by Wydawnictwo Harmonia, 2012

Redakcja i Biuro Handlowe: 80-283 Gdańsk, ul. Szczodra 6
tel. 58 348 09 50, 58 348 09 51
fax 58 348 09 00
e-mail: harmonia@harmonia.edu.pl

Szczegółowe informacje o naszych publikacjach:
www.harmonia.edu.pl

Wszelkie prawa zastrzeżone. Zarówno cała publikacja, jak i jakakolwiek jej część nie może być przedrukowywana ani reprodukowana – mechanicznie, elektronicznie lub w jakikolwiek inny sposób, z kserokopiowaniem i odtwarzaniem w środkach masowego przekazu włącznie – bez pisemnej zgody Wydawnictwa Harmonia.

ISBN 978-83-7134-601-9
Gdańsk 2012 – Wydanie I

Wstęp

Mowa towarzyszy nam od momentu poczęcia. Ma ona ogromne znaczenie dla rozwoju cywilizacji – dzięki niej możliwe stało się gromadzenie, przechowywanie i przekazywanie wiedzy. Dla większości z nas jednak mówienie jest czynnością tak naturalną, że nie zastanawiamy się wcale nad jego znaczeniem. Posługujemy się językiem na co dzień, nie zwracając większej uwagi na prawidłowości, które nim rządzą. Dostrzegamy je dopiero wtedy, gdy pojawiają się problemy w komunikacji. Powinniśmy jednak pamiętać, że poprawne i twórcze posługiwanie się językiem już we wczesnym okresie życia decyduje o osiąganiu sukcesów w ciągu jego trwania: wyznacza możliwości edukacyjne, zawodowe oraz umożliwia funkcjonowanie w kontaktach międzyludzkich.

Nabywanie umiejętności językowych jest niejako zaprogramowane, jednak rola otoczenia i rozwój funkcji wspomagających mowę są w tym procesie bardzo ważne. Większość rodziców wspomaga językowy rozwój dziecka w sposób naturalny. Nie zawsze jednak to wystarcza. Gdy swoisty rozwój języka jest z jakichś względów zaburzony i dziecko nie nabyło określonych wiekiem językowych umiejętności, konieczne są ukierunkowane działania specjalistów podejmowane jak najwcześniej.

Prezentowana pozycja jest zbiorem 21 scenariuszy z kompletem załączników, do których należą zestawy wyrazów i tekstów, materiał obrazkowy oraz zadania i łamigłówki uatrakcyjniające terapię. Scenariusze te służyć mogą jako podstawa drugiego etapu terapii logopedycznej, której celem jest różnicowanie artykulacji par głosek „sz" – „s", „s" – „ś" i „sz" – „ś". Ten etap jest niezbędny w przypadku wcześniejszej substytucji tych dźwięków. Zaproponowane w scenariuszach ćwiczenia mogą być wykorzystywane przez logopedów rozpoczynających karierę zawodową, nauczycieli nauczania zintegrowanego oraz rodziców, którzy pragną aktywnie uczestniczyć w procesie terapii prowadzonej przez specjalistę. Scenariusze są uporządkowane zgodnie z zasadami postępowania logopedycznego.

Przebieg terapii logopedycznej

Przed rozpoczęciem terapii logopedycznej istotne jest postawienie pełnej diagnozy logopedycznej, która powinna obejmować wywiad z rodzicami, badanie mowy dziecka i badania uzupełniające (ocenę budowy i sprawności narządów mowy, funkcji oddechowych oraz ocenę rozwoju kompetencji fonologicznych).

Wyróżnia się dwa rodzaje wadliwej artykulacji głosek:
- opuszczanie dźwięku (elizja);
- zastępowanie dźwięku przez inny, realizowany prawidłowo (substytucja) lub zniekształcony (deformacja).

W zależności od ustalonego rodzaju wady wymowy określa się postępowanie logopedyczne. Jego celem jest wypracowanie przez dziecko prawidłowej artykulacji. Warto jednak zwrócić uwagę na to, że zaburzenia mowy nie są izolowanymi deficytami – dlatego zwykle wymagają usprawniania funkcji oddechowych, sprawności narządów mowy oraz rozwijania kompetencji fonologicznych. Wywołanie danego dźwięku w mowie dziecka osiąga się, stosując różnorodne metody szeroko opisane w literaturze. Ich wybór zależy od doświadczenia logopedy, możliwości oraz potrzeb dziecka. Ilość zajęć na poszczególnych etapach terapii jest uzależniona od intensywności ćwiczeń oraz indywidualnych możliwości dziecka.

W scenariuszach zaproponowano różne techniki artykulacji: różnicowanie natężenia głosu, tempa artykulacji czy mówienia zgodnie z podanymi strukturami rytmicznymi w sekwencjach sylabowych.

Oprócz etapów postępowania logopedycznego przebieg procesu terapii uwarunkowany jest również przez zasady jej prowadzenia. Należą do nich:
- wczesne rozpoczęcie terapii;
- indywidualizacja;
- kompleksowe działanie;
- aktywny i świadomy udział;
- współpraca z rodzicami;
- systematyczność;
- stopniowanie trudności.

W postępowaniu terapeutycznym logopeda posługuje się materiałami niezbędnymi do osiągania celów terapii. Są to wydrukowane listy wyrazów, zdań, tekstów, obrazki, zadania i łamigłówki utrwalające ćwiczony materiał językowy. Do pomocy logopedycznych często należą również gry dydaktyczne i różnorodne przedmioty. Materiał językowy wykorzystywany w terapii powinien być dostosowany do potrzeb dziecka – dlatego ten przedstawiony w scenariuszach należy traktować jako propozycję, a nie bezwzględny wybór.

Wraz z początkiem terapii należy założyć, że praca z dzieckiem przyniesie sukces. By go osiągnąć, trzeba jednak spełnić kilka warunków. Ważne jest, by pamiętać, że dzieci podczas ćwiczeń potrzebują spokoju i radosnej atmosfery pozbawionej napięć emocjonalnych. Nie należy krytykować poczynań dziecka, ale cierpliwie zachęcać je do pokonywania trudności. Wskazane jest, by wszelkie, nawet najmniejsze osiągnięcia nagradzać pochwałą, co wzmacnia wiarę dziecka we własne możliwości oraz utrwala przekonanie, że dzięki staraniom i ono może osiągać zamierzone efekty. Proces uzyskiwania poszczególnych umiejętności w trakcie terapii logopedycznej jest często długi. Ważne więc staje się utrzymanie dziecięcej motywacji na maksymalnie wysokim poziomie jak najdłużej. W tym celu warto wprowadzić różne skale, tablice czy drabiny sukcesu z zaznaczonymi etapami terapii, małe nagrody (na przykład w formie naklejek) za pracę włożoną podczas kolejnych ćwiczeń, a także prezentować wspierającą postawę.

Ważnym czynnikiem wpływającym na prognozowany sukces terapii jest również nawiązanie prawidłowej i skutecznej współpracy z rodzicami dziecka. Ich systematyczna praca nad utrwalaniem ćwiczeń artykulacyjnych w domu jest nieoceniona. Istotne jest również zwrócenie uwagi na artykulację rodziców dziecka, bowiem ćwiczenia utrwalające w domu powinien prowadzić członek rodziny, którego wymowa jest prawidłowa.

Wszystkie omówione elementy terapii logopedycznej stanowią przesłanki do osiągania stosunkowo szybkich i trwałych efektów pracy logopedy.

Ogólne zasady różnicowania artykulacji głosek dentalizowanych w terapii parasygmatyzmu

Nieprawidłowe artykulacje głosek dentalizowanych polegają na zastępowaniu ich różnymi substytucjami (najczęściej innymi głoskami dentalizowanymi – parasygmatyzm), opuszczaniu ich (mogisygmatyzm), zniekształcaniu brzmienia (sygmatyzm właściwy).

Terapia parasygmatyzmu, czyli zastępowania głosek dentalizowanych ich różnymi substytucjami, wymaga przeprowadzenia serii ćwiczeń z głoskami opozycyjnymi. Określenie usytuowania tych ćwiczeń w przebiegu terapii zależy od możliwości pacjenta. Najczęściej etap ten jest realizowany, kiedy dziecko nauczy się identyfikować i artykułować prawidłowo głoski podstawowe z poszczególnych szeregów, czyli głoskę „sz" z szeregu szumiącego, głoskę „s" z syczącego, głoskę „ś" z ciszącego. Ćwiczenia z głoskami opozycyjnymi polegają na różnicowaniu słuchowym i artykulacyjnym nowo wyuczonych dźwięków i tych, które dziecko stosowało dotychczas jako substytucję. Najczęstsze substytucje dotyczą par głosek: „sz" – „s", „s" – „ś", „sz" – „ś".

W szeregu głosek szumiących podstawową jest głoska „sz". Często to od niej rozpoczyna się terapię logopedyczną głosek szumiących. Przy jej wymowie język znajduje się za górnymi zębami, a boki języka dotykają górnych zębów i dziąseł. Szczelina powstaje pomiędzy górnym wałkiem dziąsłowym a przednią częścią języka. Zęby są lekko zwarte, wargi wysunięte do przodu i zaokrąglone. Głoska „sz" jest bezdźwięczna.

W szeregu głosek syczących podstawową jest głoska „s". Przy jej wymowie język najczęściej znajduje się przy dolnych siekaczach. Boki języka unoszą się i przylegają do wewnętrznej powierzchni górnych zębów i dziąseł, na skutek czego w linii środkowej języka powstaje wąska rynienka, nazywana linią środkową. Zęby tworzą niewielką szczelinę. Wargi są rozciągnięte. Głoska „s" jest bezdźwięczna.

W szeregu głosek ciszących podstawową jest głoska „ś". Podczas jej artykulacji usta są lekko uchylone i zaokrąglone, a kąciki ściągnięte. Przednia część języka skierowana jest do dolnego wałka dziąsłowego, a środkowa część unosi się do przedniej części podniebienia twardego. Głoska „ś" jest bezdźwięczna.

Na tym etapie terapii należy zwrócić szczególną uwagę na wyraźne różnicowanie porównywanych głosek. Warto wykorzystać schematy przedstawiające układ narządów mowy podczas artykulacji tych głosek, ustalić ich symbole oraz skojarzyć głoski z kolorami. Taka wizualizacja ułatwia dziecku porównanie głosek i ich różnicowanie w artykulacji. Przebieg tego etapu terapii może obejmować – w zależności od potrzeb dziecka – ćwiczenia par głosek w sylabach, paronimach, złożeniach wyrazowych, prostych zdaniach i tekstach, trudnych słowach, które zawierają obie porównywane głoski, zdaniach z tymi wyrazami i w trudnych tekstach. Podczas dalszej terapii, po wywołaniu i utrwaleniu artykulacji pozostałych głosek ćwiczonego szeregu, mogą pojawić się trudności w różnicowaniu innych par głosek. Konieczne jest wówczas wprowadzenie analogicznych ćwiczeń w odniesieniu do nich.

Wprowadzenie etapu różnicowania słuchowego i artykulacyjnego nowo wyuczonych dźwięków i tych, które dziecko stosowało dotychczas jako substytucję, ma ogromne znaczenie dla powodzenia w podejmowaniu przez dziecko trudu uczenia się prawidłowej wymowy.

Głoski sz – s

SCENARIUSZ 1

Temat: Ćwiczenia wstępne różnicowania artykulacji głosek „sz" i „s" oraz ich utrwalanie w izolacji oraz sylabach.

Cele zajęć:
- usprawnianie funkcji narządów mowy – czynności oddychania, motoryki artykulatorów i fonacji;
- przedstawienie zasad poprawnej artykulacji głosek „sz" i „s";
- wdrażanie do prawidłowego różnicowania artykulacji głosek „sz" – „s" w izolacji i sylabach.

Metody: słowna, pokazu, naśladownictwa, ćwiczeń praktycznych.

Środki dydaktyczne: lustro, zestaw ćwiczeń artykulacyjnych, tablica ze schematami i symbolami przedstawiająca układy narządów mowy, kolorowe wstążki, tablice ze schematami przedstawiającymi ciągi połączonych ze sobą liter „sz" i „s" o różnej długości i w różnych strukturach rytmicznych, obrazki przedstawiające drzewa i węża, pary sylab do powtarzania, kartoniki z sylabami do gry.

PRZEBIEG ZAJĘĆ

1. Powitanie

2. Przedstawienie tematu zajęć

3. Ćwiczenia usprawniające motorykę narządów artykulacyjnych
Prowadzący siedzi z uczniem przed lustrem i demonstruje kolejno ćwiczenia (załącznik nr 1). Prosi o ich staranne powtarzanie, dba o poprawność wykonywanych przez dziecko ćwiczeń:
- naprzemienne wysuwanie z ust języka szerokiego: „łopata" i wąskiego: „żmijka";
- uderzanie o podniebienie górne grzbietem szerokiego języka: „kląskanie";
- naprzemienne dotykanie przednią częścią języka górnego i dolnego wałka dziąsłowego: „język skacze jak piłka";
- uczulanie linii środkowej języka szpatułką lub trzonkiem metalowej łyżeczki;
- gwizdanie z językiem ułożonym przy dolnym wałku dziąsłowym;
- zwijanie boków języka w kształt rurki i wydmuchiwanie przez nią powietrza: „strażak";
- układanie języka w kształt łyżeczki;
- naprzemienne układanie ust w dziobek i szeroki uśmiech.

4. Omówienie zasad poprawnej wymowy głosek „sz" i „s"
Osoba prowadząca zajęcia prezentuje dziecku tablicę ze schematami i symbolami przedstawiającą układ narządów mowy podczas wymawiania głosek „sz" i „s" (załącznik nr 2). Przypomina zasady prawidłowej artykulacji tych dźwięków.

Zwraca uwagę na zaokrąglone, lekko wysunięte do przodu wargi, język uniesiony do górnego wałka dziąsłowego i zbliżone do siebie zęby podczas wymowy głoski „sz". Następnie wymawia ją na długim wydechu. Prosi, by uczeń powtórzył ćwiczenie.

W dalszej kolejności prowadzący przypomina o rozchylonych i lekko rozsuniętych ustach, czubku języka umieszczonym przy dolnych siekaczach i zbliżonych do siebie zębach podczas wymowy głoski „s". Wymawia ją na długim wydechu. Prosi, by uczeń powtórzył ćwiczenie.

W kolejnych próbach prowadzący prosi o sprawdzanie za pomocą otwartej dłoni, czy wraz z artykulacją głoski „sz" uczeń wyczuwa na dłoni ciepły i silny strumień powietrza. Informuje ucznia, że litery będące graficznym obrazem głoski „sz" w dalszych ćwiczeniach dodatkowo zostaną oznaczane ustalonym symbolem w kolorze czerwonym. Następnie poleca sprawdzenie w podobny sposób, czy podczas artykulacji głoski „s" wyczuwalny jest zimny i skoncentrowany strumień powietrza. Ustala, że litery, które oznaczają głoskę „s", należy opatrywać symbolem w kolorze zielonym.

5. Zabawa oddechowa: „Kolorowe wstążki"

Prowadzący proponuje dziecku zabawę kolorowymi wstążkami. Przypomina o prawidłowym torze oddechowym, czyli krótkim wdechu powietrza nosem i długim wydechu ustami. Wręcza spięte wstążki uczniowi i poleca unieść je na wysokość ust, a następnie delikatnie na nie dmuchać ciągłym strumieniem powietrza, tak by poruszały się jak najdłużej.

6. Ćwiczenia artykulacyjne: „Literowe szlaczki"

Kierujący zabawą pokazuje dziecku tablice ze schematami przedstawiającymi wzory utworzone z ciągów połączonych ze sobą liter „sz" i „s" o różnej długości i w różnych strukturach rytmicznych (załącznik nr 3). Poleca, by uczeń przesuwając palcem wskazującym po kolejnych schematach zgodnie z kierunkiem strzałek, na długim wydechu wybrzmiewał głoski, dostosowując wybrzmiewanie do długości wzoru.

7. Ćwiczenia artykulacyjne: „Szumy i syki"

Osoba prowadząca pokazuje dziecku obrazki przedstawiające drzewa i węża (załącznik nr 4). Prosi o naśladowanie szumu drzew i wymawianie głoski „sz", gdy demonstrowany będzie obrazek drzew, oraz wymawianie głoski „s" w momencie pojawienia się obrazka przedstawiającego węża. Dba o poprawność artykułowanych dźwięków.

8. Ćwiczenia artykulacyjne: „Sylaby"

Prowadzący wymawia starannie pary sylab (załącznik nr 5):

sza – sa, szo – so, szu – su, sze – se, szy – sy,

asza – asa, oszo – oso, uszu – usu, esze – ese, yszy – ysy, iszy – isy,

asz – as, osz – os, usz – us, esz – es, ysz – ys, isz – is.

W trakcie ich wymawiania oznacza sylaby ustalonymi wcześniej symbolami i kolorami, by ułatwić dziecku różnicowanie dźwięków. Następnie prosi ucznia o powtarzanie par wskazanych sylab. Dba o poprawną artykulację.

9. Ćwiczenia artykulacyjne: „Pary"

Kierujący zabawą układa przed dzieckiem kartoniki z sylabami (załącznik nr 6), podając ich nazwy. Za każdym razem prosi o ich powtórzenie. Zwraca uwagę na poprawność artykulacyjną głosek „sz" i „s" w wymawianych przez ucznia sylabach. Następnie prowadzący rozkłada na stole kartoniki do gry sylabami do dołu. Proponuje wspólną zabawę. Wyjaśnia, że w grze chodzi o zgromadzenie jak największej liczby par sylab, które różnią się tylko ćwiczonymi głoskami. Wyznacza osobę, która rozpocznie grę. Zadaniem tej osoby jest odkrycie dwóch kart, odczytanie umieszczonych tam sylab, a następnie ustalenie, czy różnią się tylko ustalonymi głoskami.

Jeśli tak – zatrzymuje ona karty i odkrywa kolejne dwa kartoniki, jeśli nie – odkłada je w to samo miejsce, a grę kontynuuje przeciwnik. Zabawa trwa do wyczerpania kart.

10. Podsumowanie zajęć

Osoba prowadząca zajęcia wkleja do zeszytu zestaw ćwiczeń usprawniających motorykę artykulatorów (załącznik nr 1), schemat przedstawiający układ narządów mowy podczas wymawiania głoski „sz" i „s" (załącznik nr 2), tablice ze schematami połączonych liter (załącznik nr 3), obrazki do ćwiczeń ortofonicznych (załącznik nr 4), zestaw sylab (załącznik nr 5), których artykulację należy utrwalać w domu, oraz karty do gry w „Pary" (załącznik nr 6). Dziękuje uczniowi za pracę i nagradza go.

ZAŁĄCZNIK NR 1

Wykonuj starannie ćwiczenia, kontrolując ich poprawność w lustrze.

– naprzemienne wysuwanie z ust języka szerokiego: „łopata" i wąskiego: „żmijka";
– uderzanie o podniebienie górne grzbietem szerokiego języka: „kląskanie";
– naprzemienne dotykanie przednią częścią języka górnego i dolnego wałka dziąsłowego: „język skacze jak piłka";
– uczulanie linii środkowej języka szpatułką lub trzonkiem metalowej łyżeczki;
– gwizdanie z językiem ułożonym przy dolnym wałku dziąsłowym;
– zwijanie boków języka w kształt rurki i wydmuchiwanie przez nią powietrza: „strażak";
– układanie języka w kształt łyżeczki;
– naprzemienne układanie ust w dziobek i szeroki uśmiech.

ZAŁĄCZNIK NR 2

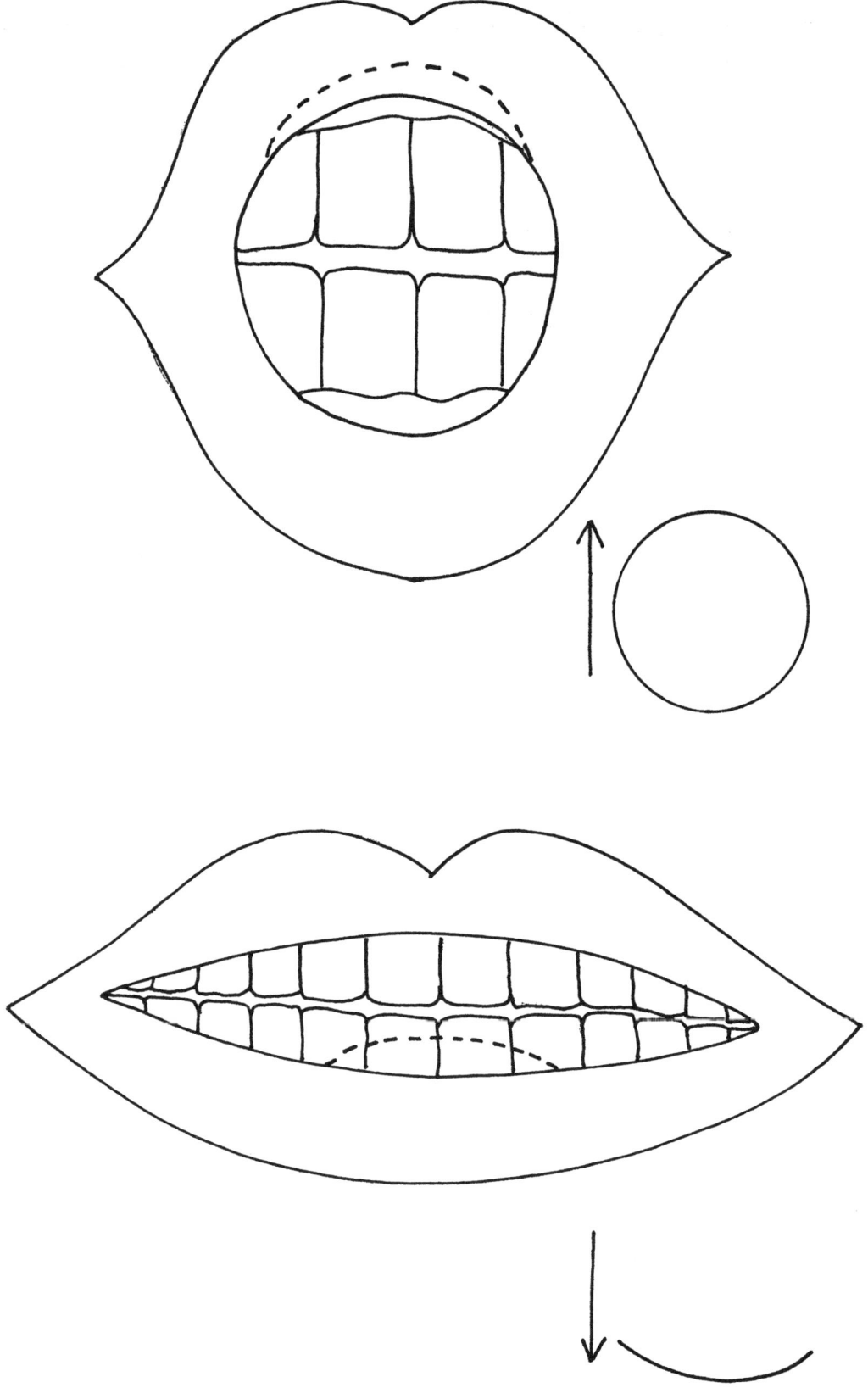

Załącznik nr 3

Przesuwając palcem wskazującym po kolejnych schematach zgodnie z kierunkiem strzałek, na długim wydechu wymawiaj odpowiednio głoski „sz" i „s", dostosowując ich wybrzmiewanie do długości wzorów.

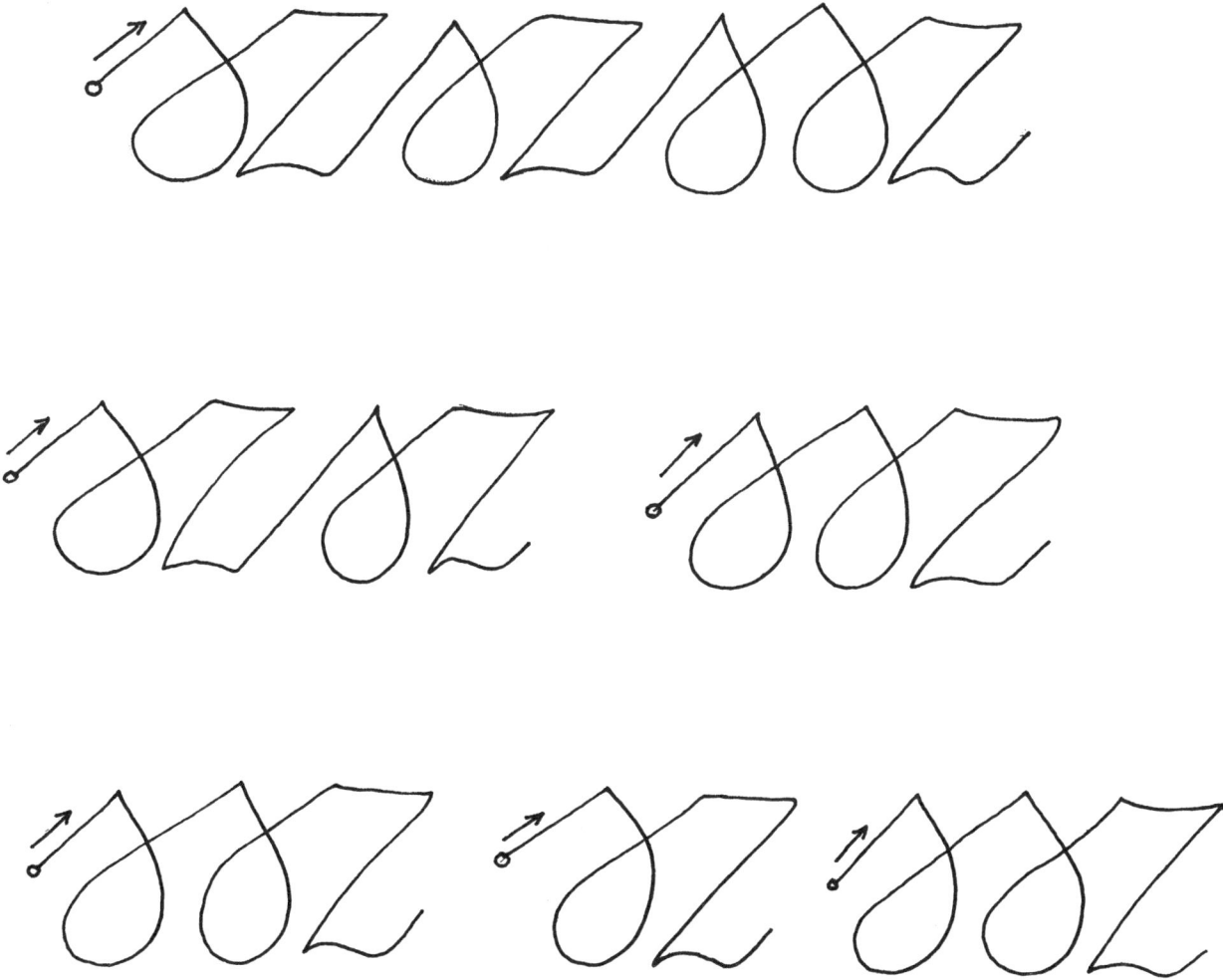

13

ZAŁĄCZNIK NR 4

Naśladuj naprzemiennie dźwięki szumu drzew i syku węża.

ZAŁĄCZNIK NR 5

Powtarzaj starannie sylaby parami.

sza – sa, szo – so, szu – su, sze – se, szy – sy,
asza – asa, oszo – oso, uszu – usu, esze – ese, yszy – ysy, iszy – isy,
asz – as, osz – os, usz – us, esz – es, ysz – ys, isz – is.

Załącznik nr 6

SA	SZA	SO
SZO	SE	SZE
ASA	ASZA	USU
USZU	ISY	ISZY
IS	ISZ	

SCENARIUSZ 2

Temat: Utrwalanie różnicowania artykulacji głosek „sz" i „s" w paronimach i złożeniach wyrazowych.

CELE ZAJĘĆ:
- wdrażanie do prawidłowego różnicowania artykulacji głosek „sz" i „s" w paronimach i złożeniach wyrazowych;
- usprawnianie funkcji narządów mowy – czynności oddychania, motoryki artykulatorów i fonacji;
- utrwalanie prawidłowego toru oddechowego;
- rozwijanie kompetencji fonologicznych.

METODY: słowna, pokazu, naśladownictwa, ćwiczeń praktycznych.

ŚRODKI DYDAKTYCZNE: lustro, zestaw paronimów do powtarzania, talerz, kasza, słomka, łamigłówka „Skojarzeniówka", zestaw obrazków, łamigłówka „Szyfrówka".

PRZEBIEG ZAJĘĆ

1. Powitanie

2. Sprawdzenie utrwalenia artykulacji w przekazanym do domu materiale językowym

3. Przedstawienie tematu zajęć

4. Ćwiczenia usprawniające pracę artykulatorów: „Gimnastyka Szymona"

Prowadzący zajęcia umawia się z dzieckiem, że będzie włączało się do opowiadania we wskazanym momencie i w określony sposób. Ćwiczenia należy wykonać przed lustrem.

Każdego ranka Szymon się gimnastykuje. Rozciąga mięśnie (przemienne wysuwanie z ust szerokiego i wąskiego języka), *podskakuje obunóż* (rytmiczne poruszanie przednią częścią języka pomiędzy górnym i dolnym wałkiem dziąsłowym przy otwartych ustach) *i wykonuje skłony* (wysuwanie szerokiego języka w kierunku brody). *Zmęczony ćwiczeniami ociera pot z czoła* (przesuwanie przednią częścią języka po górnym łuku zębowym) *i ciężko oddycha* (wdychanie i wydychanie powietrza ustami z językiem ułożonym płasko na dnie jamy ustnej). *Jest jednak bardzo z siebie zadowolony* (rozciąganie ust w uśmiechu) *i pogwizduje radośnie* (gwizdanie z językiem ułożonym przy dolnym wałku dziąsłowym i wyraźnie zaokrąglonych ustach). *Zdziwiony* (układanie ust w dziobek) *zauważył, że zrobiło się późno i czas wyjść z domu. Jutro rano znów będzie ćwiczył.*

5. Ćwiczenia artykulacyjne: „Paronimy"

Prowadzący wymawia starannie pary wyrazów (załącznik nr 7):

syk – szyk   plus – plusz   stuki – sztuki
kasa – kasza   sale – szale   kusa – kusza

W trakcie ich wymawiania oznacza wyrazy ustalonymi wcześniej symbolami i kolorami, by ułatwić dziecku różnicowanie dźwięków. Zwraca uwagę na różnice w znaczeniu haseł. Następnie prosi ucznia o powtarzanie wyrazów parami. Dba o poprawną artykulację.

6. Zabawa oddechowa: „Rysunek w kaszy"

Prowadzący zabawę ustawia przed dzieckiem szeroki talerz, którego dno przykryte jest ziarnami dowolnej kaszy. Przypomina o prawidłowym torze oddechowym i poleca delikatne dmuchanie na kaszę przez słomkę w taki sposób, by powstał rysunek.

7. Rozwijanie kompetencji fonologicznych: „Skojarzeniówka"

Osoba kierująca zajęciami prezentuje dziecku tablicę z łamigłówką (załącznik nr 8). Nazywa obrazki i odczytuje wyrazy umieszczone w zadaniu. Następnie poleca, by uczeń połączył wyrazy z nazwami obrazków tak, by różniły się tylko jedną głoską. Zwraca uwagę na różnice artykulacyjne między głoskami „sz" i „s". Po wykonaniu zadania poleca dziecku staranne powtórzenie utworzonych haseł. Dba o poprawną artykulację.

wąs – wąż, szum – sum, kos – kosz,
szok – sok, łuska – łóżka, liszki – liski

8. Ćwiczenia artykulacyjne: „Nazywanie obrazków"

Dziecko otrzymuje tablicę z obrazkami (załącznik nr 9). Osoba prowadząca zajęcia podaje ich nazwy. Przy każdym obrazku prosi o powtórzenie hasła przez ucznia. W drugiej serii prowadzący ponownie pokazuje kolejno obrazki, ale nie podaje wzorca słuchowego ich nazwy. Poleca dziecku odpowiedzieć na pytanie: co to jest? Dba o poprawną artykulację ucznia.

pusta szklanka, stara szabla, puszka fasoli,
splątane sznurowadła, słodkie gruszki, szeroki pas

9. Ćwiczenia artykulacyjne: „Szyfrówka"

Osoba prowadząca zajęcia proponuje dziecku odgadnięcie zaszyfrowanych haseł. Prezentuje „Szyfrówkę" (załącznik nr 10). Podaje nazwy obrazków, którym odpowiadają poszczególne litery, i prosi dziecko o staranne powtórzenie tych nazw. Następnie poleca uczniowi wpisanie odpowiednio liter oraz odczytanie utworzonych haseł. W razie potrzeby oznacza odpowiednio kolorem i symbolem głoski „sz" i „s" w odszyfrowanych złożeniach wyrazowych.

senny szop, szare sowy, sypka kasza, szpak i sroka

10. Podsumowanie zajęć

Prowadzący zajęcia wkleja do zeszytu zestaw par wyrazów (załącznik nr 7), łamigłówkę „Skojarzeniówkę" (załącznik nr 8) i „Szyfrówkę" (załącznik nr 10) oraz zestaw obrazków (załącznik nr 9). Poleca uczniowi w domu staranne utrwalanie artykulacji nazw obrazków i haseł z wykonanych zadań. Dziękuje dziecku za pracę i nagradza je.

ZAŁĄCZNIK NR 7

Powtarzaj starannie hasła parami.

syk – szyk	plus – plusz	stuki – sztuki
kasa – kasza	sale – szale	kusa – kusza

ZAŁĄCZNIK NR 8

SKOJARZENIÓWKA. Odszukaj pary składające się z nazwy obrazka i wyrazu, które różnią się tylko jedną głoską. Połącz je ze sobą. Powtórz starannie wszystkie nazwy.

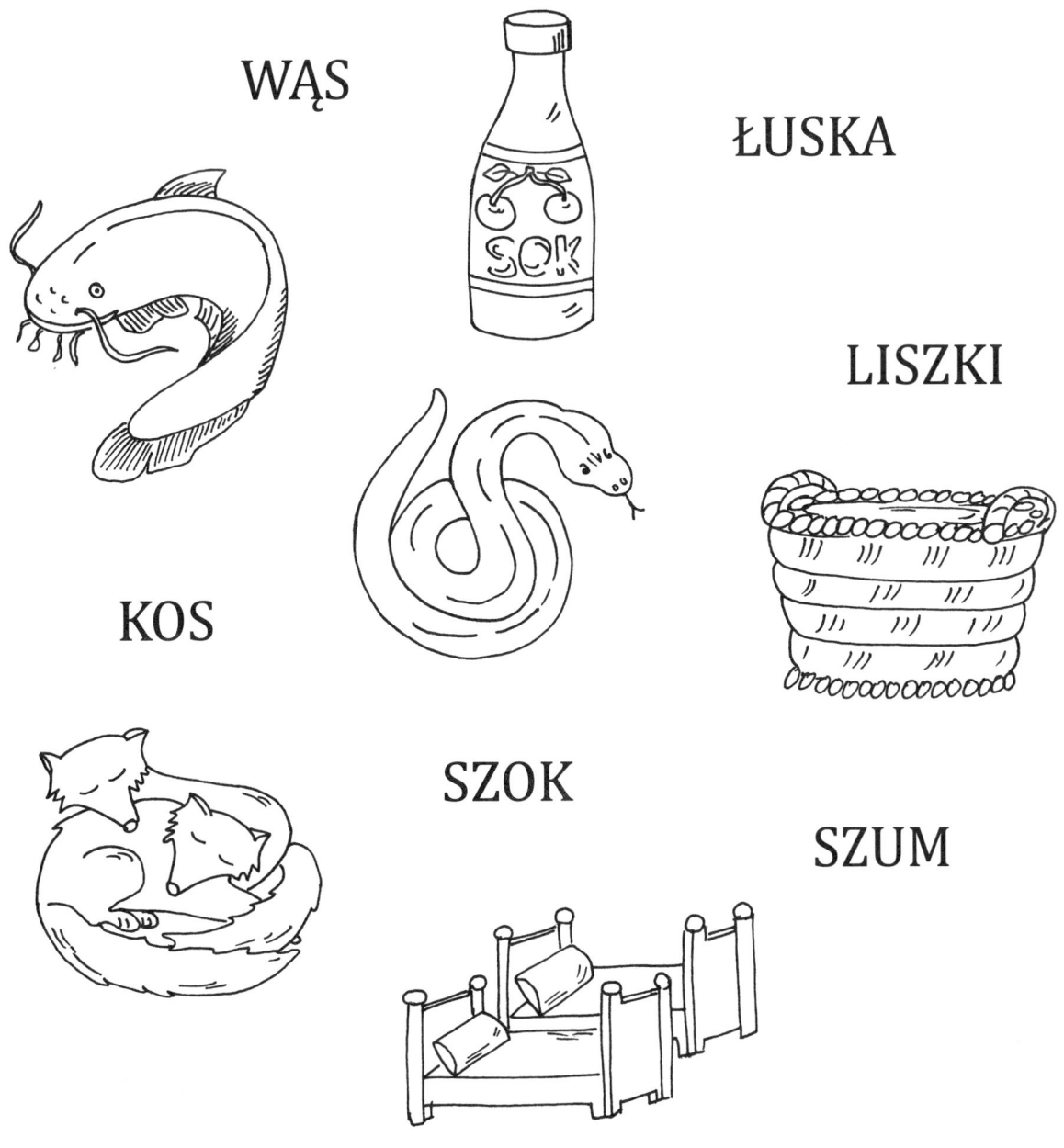

wąs – wąż, szum – sum, kos – kosz, szok – sok, łuska – łóżka, liszki – liski

ZAŁĄCZNIK NR 9

Nazwij starannie obrazki.

ZAŁĄCZNIK NR 10

SZYFRÓWKA. Wpisz zgodnie z szyfrem litery do diagramu. Odczytaj utworzone hasła.

🦉	🧹	👗	🍐	⚓	🎩	🎲	🐭	🚢	🐌	🧵	🦔
S	SZ	N	P	R	E	O	W	Y	A	K	I

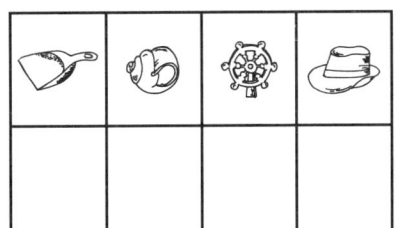

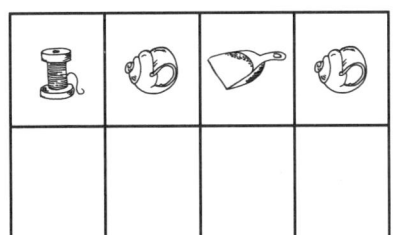

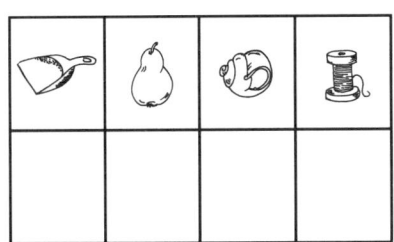

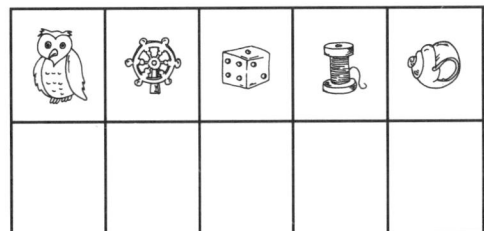

senny szop, szare sowy, sypka kasza, szpak i sroka

SCENARIUSZ 3

Temat: Utrwalanie różnicowania artykulacji głosek „sz" i „s" w zdaniach.

Cele zajęć:
- wdrażanie do prawidłowego różnicowania artykulacji głosek „sz" i „s" w zdaniach;
- usprawnianie funkcji narządów mowy – czynności oddychania, motoryki artykulatorów i fonacji;
- utrwalanie prawidłowego toru oddechowego;
- rozwijanie kompetencji fonologicznych.

Metody: słowna, pokazu, naśladownictwa, ćwiczeń praktycznych.

Środki dydaktyczne: lustro, tablica z obrazkami i zdaniami, łamigłówka „Rebusy", papierowy pasek z obrazkami zawierającymi w nazwach głoski „sz" i „s", ołówek, zestaw obrazków przedstawiających elementy garderoby.

PRZEBIEG ZAJĘĆ

1. Powitanie

2. Sprawdzenie utrwalenia artykulacji w przekazanym do domu materiale językowym

3. Przedstawienie tematu zajęć

4. Ćwiczenia usprawniające pracę artykulatorów: „Przygotowanie surówki"

Prowadzący umawia się z dzieckiem, że będzie włączało się do opowiadania we wskazanym momencie i w określony sposób. Ćwiczenia należy wykonać przed lustrem.

Teresa postanowiła przygotować niespodziankę swoim rodzicom. Miała to być surówka z warzyw. Najpierw starannie oczyściła marchew skrobakiem (drapanie powierzchnią szerokiego języka o powierzchnię górnego łuku zębowego) *i obrała bulwę selera* (przesuwanie czubkiem wąskiego języka po rozsuniętych łukach zębowych). *Następnie warzywa starła na tarce* (poruszanie czubkiem języka po wewnętrznej powierzchni policzków). *Doprawiła je solą i odrobiną cukru. Starannie wymieszała w misce* (okrężny ruch językiem wokół otwartych ust). *Do warzyw postanowiła dodać jeszcze kilka łyżek jogurtu naturalnego* (układanie języka w kształt łyżeczki i rytmiczne wysuwanie i wsuwanie języka do ust). *Ponownie wymieszała składniki sałatki* (okrężny ruch językiem wokół otwartych ust). *Na koniec posiekała kilka orzechów laskowych* (rytmiczne, przemienne dotykanie czubkiem języka górnego i dolnego wałka dziąsłowego przy otwartych ustach) *i posypała nimi gotowe danie. Dumna z siebie uśmiechnęła się* (szerokie rozciągnięcie ust) *i cmoknęła z zadowoleniem* (cmoknięcie ustami). *To będzie udana niespodzianka.*

5. Ćwiczenia artykulacyjne: „Nazywanie obrazków"

Kierujący ćwiczeniami prezentuje dziecku obrazki (załącznik nr 11). Podaje związane z nimi zdania, prosi o powtórzenie i zapamiętanie ich treści. W drugiej serii prowadzący ponownie pokazuje obrazki, ale nie podaje wzorca słuchowego zdań. Poleca dziecku odtworzenie zapamiętanych zdań. Dba o poprawność artykulacyjną jego wypowiedzi. W przypadku trudności artykulacyjnych prowadzący oznacza różnicowane głoski symbolami w ustalonych kolorach.

Agnieszka ma sukienkę w groszki.
Sonia szybko sznuruje tenisówki.
Pies szarpie szerokie nogawki spodni.
Sabina ustawia na stole koszyk gruszek.
Szara myszka skubie okruszki sera.

6. Rozwijanie kompetencji fonologicznych: „Rebusy"

Osoba kierująca ćwiczeniami prosi dziecko, by rozwiązało rebusy umieszczone w zdaniach (załącznik nr 12). Po wykonaniu zadania poleca uczniowi przeczytanie zdań wraz z rozwiązaniami rebusów. Zwraca uwagę na prawidłową artykulację.

Szymon narysował trzy stokrotki.
Szymon sam wiesza spodnie w szafie.
Szymon kruszy plaster sera na talerz.
Szymon stoi przy szerokich schodach.
Szymon ustawił puszkę groszku na stole.

7. Zabawa oddechowa: „Rulonik z obrazkami"

Dziecko otrzymuje od prowadzącego ołówek oraz długi pasek papieru z rozmieszczonymi na nim w regularnych odstępach obrazkami, w nazwach których występuje głoska „sz" lub „s". Kierujący zabawą poleca nawinięcie paska papieru na ołówek. Następnie prosi o zsunięcie zwiniętego rulonika. Potem poleca uczniowi ułożyć rulonik na otwartej dłoni i przytrzymać palcem wskazującym drugiej ręki odwinięty koniec paska papieru. Prowadzący przypomina o prawidłowym torze oddechowym i prosi o kierowanie równomiernego, jednostajnego i długiego strumienia wydychanego powietrza tak, by rulon rozwinął się jak najbardziej. Zabawę ponawia, przy każdej próbie pytając ucznia o nazwy zapamiętanych obrazków widocznych na rozwiniętym pasku.

8. Ćwiczenia artykulacyjne: „Pytania"

Prowadzący ponownie pokazuje zestaw obrazków (załącznik nr 11) i przypomina związane z nimi zdania. Następnie formułuje pytania dotyczące ich treści. Przypomina o konieczności budowania odpowiedzi za pomocą zdań poprawnych pod względem gramatycznym i treściowym. Dba o poprawność artykulacyjną wypowiedzi ucznia. Poleca dziecku liczenie słów, które tworzą wymawiane przez niego zdania.

9. Ćwiczenia artykulacyjne: „Puste szafy"

Osoba kierująca zabawą mówi dziecku o Łukaszu i Sylwii, którzy postanowili kupić kilka ubrań do swoich szaf. Wyjaśnia, że czynność tę ułatwia tworzenie listy zakupów. Proponuje zabawę w jej wspólne przygotowanie. Prowadzący układa przed uczniem obrazki (załącznik nr 13) przedstawiające różne części odzieży i dodatków. Podaje nazwy artykułów i prosi o ich powtórzenie. Wyjaśnia dziecku, że tworzenie listy polega na uzupełnianiu zdania: „Łukasz i Sylwia kupią sobie..." nazwami obrazków. Rozpoczyna zabawę, uzupełniając zdanie nazwą dowolnie wybranego z zestawu elementu stroju. Następnie poleca dziecku powtórzenie zdania wraz z podaną nazwą i dodanie do niego nazwy kolejnego artykułu. Kierujący zabawą kontynuuje tworzenie listy, powtarzając wymienione wcześniej nazwy i uzupełniając kolejnym hasłem. Zabawa trwa do momentu wyczerpania obrazków lub popełnienia błędu w kolejności ich wymieniania. Na zakończenie nauczyciel gratuluje dziecku osiągniętego wyniku. Podczas ćwiczenia prowadzący dba o poprawność artykulacyjną wymawianych przez ucznia haseł. W trakcie zabawy w wersji łatwiejszej, po dokonaniu wyboru artykułu, obrazki nie są zasłaniane, a w wersji trudniejszej ilustracje są odwracane ilustracją do dołu.

szalik, koszula, spodnie, kapelusz, bluzka, szelki,
szorty, pasek, sandały, skarpetki, kalosze, sukienka

10. Podsumowanie zajęć

Kierujący zajęciami wkleja do zeszytu ćwiczeń wszystkie załączniki (nr 11, 12 13). Poleca uczniowi staranne utrwalanie prawidłowej artykulacji zdań w domu. Zachęca do samodzielnego tworzenia zdań z wyrazów zawierających głoski „sz" i „s". Dziękuje dziecku za pracę i nagradza je.

ZAŁĄCZNIK NR 11

Powtórz starannie związane z obrazkami zdania.

Agnieszka ma sukienkę w groszki.
Sonia szybko sznuruje tenisówki.
Pies szarpie szerokie nogawki spodni.
Sabina ustawia na stole koszyk gruszek.
Szara myszka skubie okruszki sera.

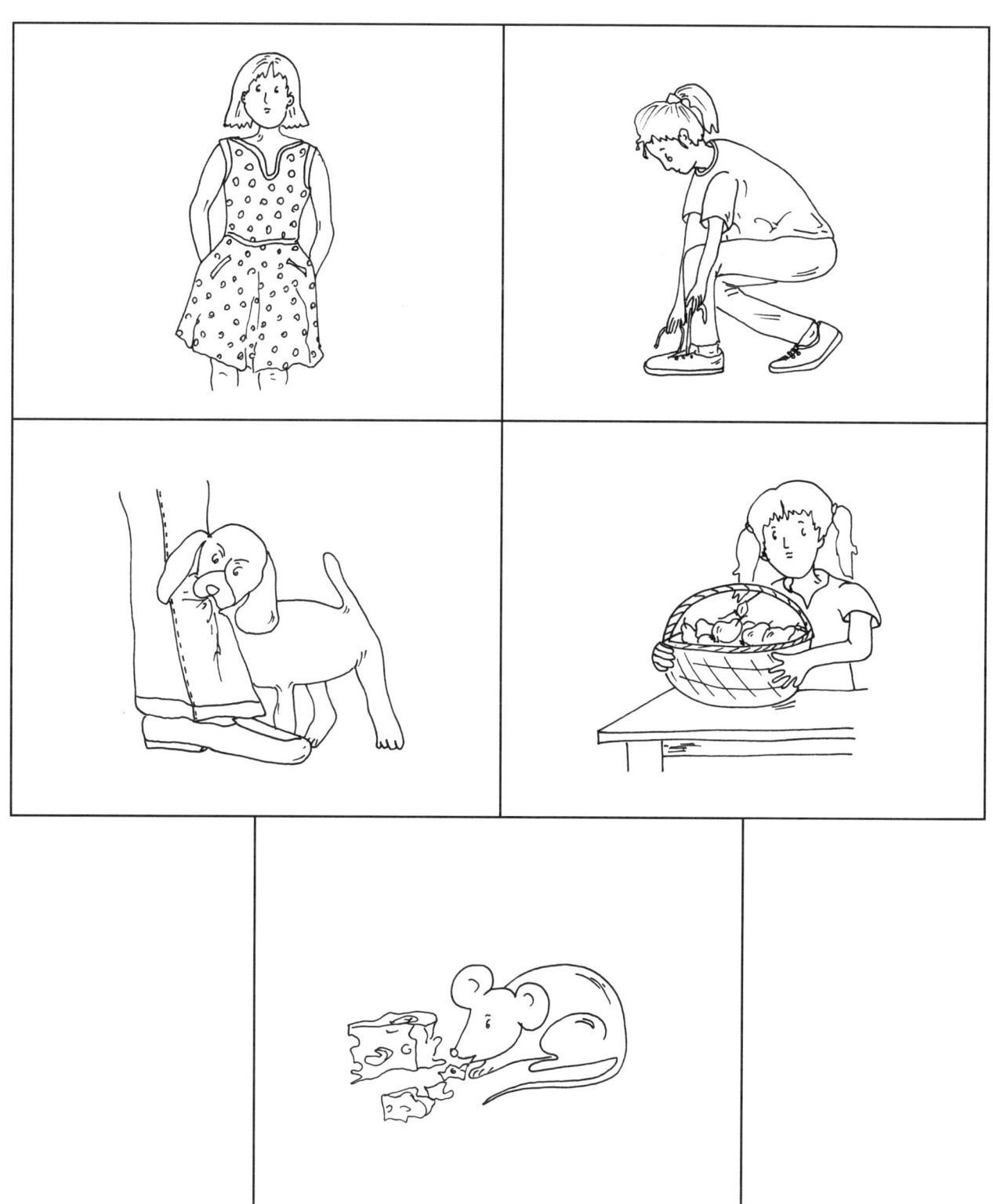

ZAŁĄCZNIK NR 12

REBUSY. Rozwiąż umieszczone w zdaniach rebusy. Odczytaj utworzone zdania i powtarzaj je starannie.

Załącznik nr 13

SCENARIUSZ 4

Temat: Utrwalanie różnicowania artykulacji głosek „sz" i „s" w prostym tekście.

CELE ZAJĘĆ:
- wdrażanie do prawidłowego różnicowania artykulacji głosek „sz" i „s" w prostym tekście;
- rozwijanie zasobów językowych;
- usprawnianie funkcji narządów mowy – czynności oddychania, motoryki artykulatorów i fonacji;
- rozwijanie kompetencji fonologicznych.

METODY: słowna, pokazu, naśladownictwa, ćwiczeń praktycznych.

ŚRODKI DYDAKTYCZNE: tekst wiersza „Niespełnione poszukiwania", ilustracja treści wiersza, lustro, krzyżówka, patyk z zawieszonymi na nim papierowymi ptaszkami.

PRZEBIEG ZAJĘĆ

1. Powitanie

2. Sprawdzenie utrwalenia artykulacji w przekazanym do domu materiale językowym

3. Przedstawienie tematu zajęć

4. Ćwiczenia artykulacyjne: wierszyk „Niespełnione poszukiwania"

Prowadzący zajęcia prosi dziecko o koncentrację uwagi i czyta tekst wiersza „Niespełnione poszukiwania" (załącznik nr 15).

Niespełnione poszukiwania

Przyfrunęły na sosnę pliszki,
spytały szpaka o liszki.
Szpak na to ubawiony:
„Na sosnowych gałązkach są igły i szyszki,
a to nie są smakołyki dla liszki".

Po przeczytaniu wiersza osoba prowadząca zajęcia pyta ucznia o zrozumienie tekstu. Wyjaśnia znaczenie nieznanych dziecku słów. Następnie ponownie czyta kolejne wersy tekstu i prosi ucznia o ich powtarzanie. W przypadku trudności artykulacyjnych prowadzący oznacza różnicowane głoski symbolami w ustalonych kolorach.

5. Ćwiczenia artykulacyjne: „Pytania"

Osoba kierująca ćwiczeniami daje uczniowi pocięty na kilka części obrazek (załącznik nr 14). Prosi o ułożenie z nich ilustracji związanej z treścią wierszyka „Niespełnione poszukiwania". Następnie zadaje dziecku pytania związane z treścią tekstu. Przypomina o konieczności budowania odpowiedzi za pomocą zdań poprawnych pod względem gramatycznym i treściowym. Dba o poprawność wymawianych przez ucznia słów. Poleca liczenie słów, które tworzą wymawiane przez niego zdanie.

6. Ćwiczenia usprawniające pracę artykulatorów: „Szukanie smakołyków"
Prowadzący umawia się z dzieckiem, że będzie włączało się do opowiadania we wskazanym momencie i w określony sposób. Ćwiczenia należy wykonać przed lustrem.

Głodne ptaki postanowiły poszukać smakołyków. Nawoływały się nerwowo, by pofrunąć do pobliskiego lasu (gwizdanie naśladujące głosy różnych ptaków). *Szybko znalazły się w środku zagajnika* (przesuwanie językiem po podniebieniu górnym w głąb jamy ustnej). *Rozglądały się ciekawie we wszystkich kierunkach* (przesuwanie języka w kierunku nosa, brody i kącików rozsuniętych ust). *Poszukując smakołyków, skakały po gałązkach drzew* (dotykanie czubkiem języka kolejno górnych zębów przy otwartych ustach). *Wkrótce zaczęły dostrzegać małe liszki na liściach i posiliły się nimi* (unoszenie języka ułożonego w kształt łyżeczki do górnego wałka dziąsłowego, a następnie przełknięcie śliny z uniesionym do podniebienia językiem i otwartymi ustami). *Część zdobyczy postanowiły zanieść pisklętom do gniazda* (ułożenie ust w dziobek i napięcie mięśni okrężnych ust). *Po posiłku usiadły w pobliżu gniazd i odpoczywały* (ułożenie przedniej części języka na górnym wałku dziąsłowym i wykonanie kilku wdechów i wydechów nosem).

7. Ćwiczenia artykulacyjne: „Krzyżówka"
Dziecko otrzymuje krzyżówkę związaną z treścią wiersza „Niespełnione poszukiwania" (załącznik nr 16). Prowadzący wyjaśnia, że zadanie polega na wpisaniu i wymówieniu odgadniętych haseł oraz odczytaniu nazwy ptaka, który przysłuchiwał się opisanej w wierszu rozmowie pliszek i szpaka.

8. Zabawa oddechowa: „Pliszki"
Kierujący zabawą podaje uczniowi patyczek z papierowymi ptaszkami zawieszonymi na nitkach o różnej długości. Przypomina o prawidłowym torze oddechowym. Poleca, by uczeń długim, skoncentrowanym strumieniem powietrza dmuchał kolejno na ptaki tak, by poruszały się jak najdłużej. Proponuje wykonanie zadania kilka razy.

9. Rozwijanie kompetencji fonologicznych: „Poszukiwanie głoski"
Prowadzący prosi dziecko, by klasnęło w dłonie, gdy w wymawianym przez niego tekście wiersza (załącznik nr 15) usłyszy głoskę „sz". Po wykonaniu zadania nauczyciel proponuje uczniowi zaśpiewanie tekstu na dowolną melodię przy zachowaniu prawidłowej artykulacji. Chwali każdą próbę podejmowaną przez dziecko.

10. Podsumowanie zajęć
Osoba prowadząca zajęcia wkleja do zeszytu ćwiczeń tekst wiersza (załącznik nr 15), obrazek utworzony z puzzli (załącznik nr 14) oraz rozwiązaną krzyżówkę (załącznik nr 16). Prosi o wykonanie w domu dodatkowych poleceń związanych z tekstem. Dziękuje dziecku za pracę i nagradza je.

Załącznik nr 14

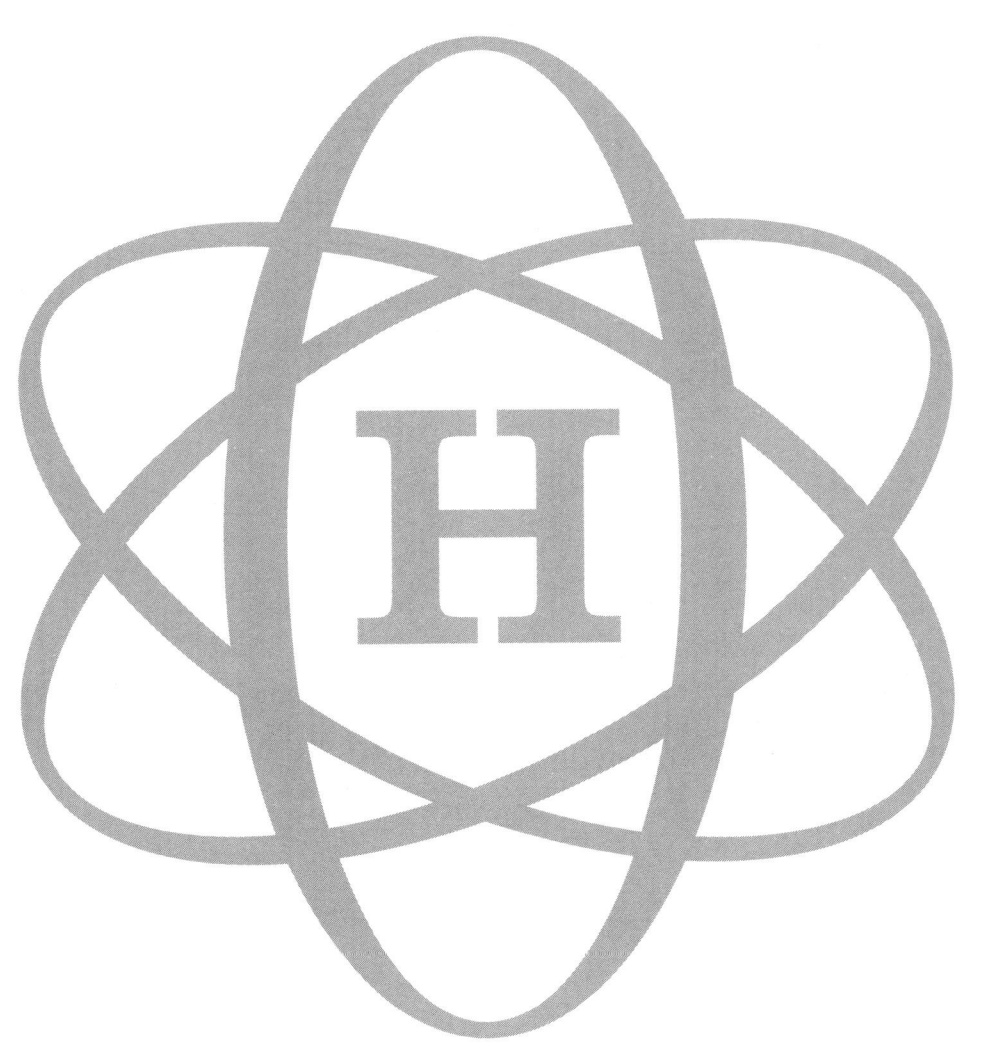

ZAŁĄCZNIK NR 15

Powtarzaj starannie tekst wierszyka. Naucz się go na pamięć. Czytaj tekst szeptem i bezgłośnie.

Niespełnione poszukiwania

Przyfrunęły na sosnę pliszki,
spytały szpaka o liszki.
Szpak na to ubawiony:
„Na sosnowych gałązkach są igły i szyszki,
a to nie są smakołyki dla liszki".

ZAŁĄCZNIK NR 16

KRZYŻÓWKA. Wpisz odgadnięte wyrazy do diagramu. W oznaczonym rzędzie odczytaj hasło: nazwę gatunku ptaka, który przysłuchiwał się rozmowie bohaterów wiersza.

1. Przysmak, rarytas.
2. Owoc drzew iglastych.
3. Kuzynka jodły i świerku.
4. Dziecko owada, gąsienica.
5. Ptak Mateusz z „Akademii Pana Kleksa".

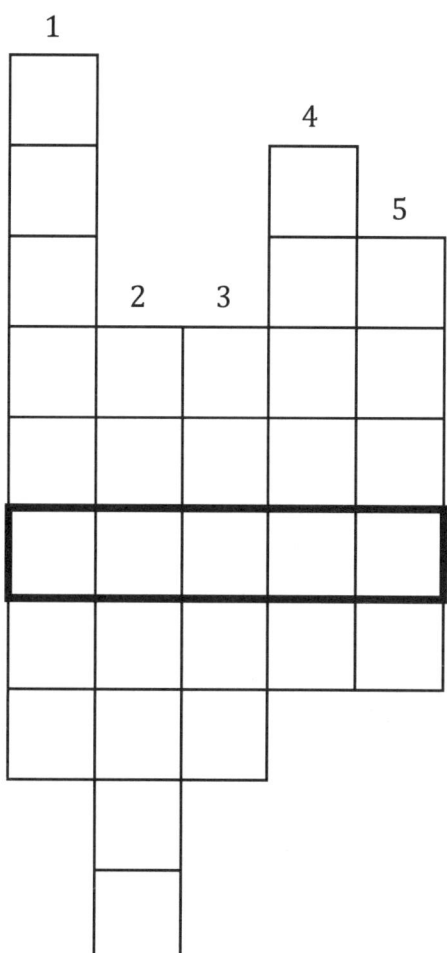

łyska

SCENARIUSZ 5

Temat: Utrwalanie różnicowania artykulacji głosek „sz" i „s" w trudnych słowach.

CELE ZAJĘĆ:
- wdrażanie do prawidłowego różnicowania artykulacji głosek „sz" i „s" w trudnych słowach;
- usprawnianie funkcji narządów mowy – czynności oddychania, motoryki artykulatorów i fonacji;
- utrwalanie prawidłowego toru oddechowego;
- rozwijanie kompetencji fonologicznych.

METODY: słowna, pokazu, naśladownictwa, ćwiczeń praktycznych.

ŚRODKI DYDAKTYCZNE: lustro, zestaw sylab, łamigłówka „Skojarzeniówka", kilka piłeczek zróżnicowanych pod względem wielkości i ciężaru, łamigłówka „Rebusy fonetyczne", karty z obrazkami do gry w „Czarnego Piotrusia".

PRZEBIEG ZAJĘĆ

1. Powitanie

2. Sprawdzenie utrwalenia artykulacji w przekazanym do domu materiale językowym

3. Przedstawienie tematu zajęć

4. Ćwiczenia usprawniające pracę artykulatorów: „Naprawa samochodu"

Osoba prowadząca zajęcia umawia się z dzieckiem, że będzie włączało się do opowiadania we wskazanym momencie i w określony sposób. Ćwiczenia należy wykonywać przed lustrem.

Tata Staszka ma kłopot z samochodem. Pojechał do serwisu, by naprawić zepsute auto. Mechanik uruchomił silnik (motorek wargami wykonany z przerwami na długim wydechu). *Otworzył maskę samochodu i kolejno sprawdził wszystkie przewody* (uniesienie czubka języka do górnego wałka dziąsłowego, a następnie dotykanie czubkiem języka kolejno wszystkich górnych zębów przy otwartych ustach). *Okazało się, że jeden z przewodów jest nieszczelny* (wymawianie na długim wydechu dźwięku „ps..."). *Mechanik odkręcił kilka śrub, które mocowały przewód* (wykonywanie okrężnych ruchów czubkiem języka w różnych miejscach wewnątrz jamy ustnej). *Zauważył również, że jeden z zaworów jest zapchany. Postanowił go oczyścić z obu stron* (pocieranie czubkiem języka kolejno dolnego i górnego wałka zębowego), *a następnie wypłukać resztki zanieczyszczeń* (przesuwanie powietrza wewnątrz jamy ustnej). *Gdy silnik ponownie został uruchomiony, pracował bez zarzutu* (długi, jednostajny motorek wargami). *Tata Staszka odetchnął z ulgą. Naprawa nie trwała długo.*

5. Ćwiczenia artykulacyjne: „Trudne sylaby"

Kierujący wymawia starannie serie sylab (załącznik nr 17):

strza, strzo, strze, strzy,
sprza, sprzo, sprze, sprzy,
skrza, skrzo, skrze, skrzy.

Prowadzący zwraca uwagę na wyraźną pracę ust i szybkie dokonywanie zmian w ich ułożeniu. Następnie prosi dziecko o powtarzanie kolejno sylab. Każdą udaną próbę nagradza klockiem, z których uczeń buduje wieżę. Po zakończeniu zadania osoba prowadząca poleca, by dziecko wykonało głęboki wdech nosem i silnym wydechem ustami spróbowało zburzyć zbudowaną wieżę.

6. Ćwiczenia artykulacyjne: „Skojarzeniówka"

Uczeń otrzymuje tablicę z zadaniem (załącznik nr 18). Kierujący ćwiczeniami poleca dziecku połączenie sylab z obu kolumn tak, by powstały sensowne wyrazy. Następnie prosi o wymówienie utworzonych haseł i zapisanie w zeszycie ćwiczeń. Dba o poprawną artykulację wymawianych przez ucznia słów. W przypadku trudności artykulacyjnych prowadzący oznacza różnicowane głoski symbolami w ustalonych kolorach.

szelest, smakosz, wstążka, szansa, stolarz, przepis

7. Zabawa oddechowa: „Mistrzowski strzał"

Dziecko otrzymuje różnej wielkości piłeczki. Kierujący zabawą ustawia przed nim bramkę ograniczoną dowolnymi przedmiotami. Wyjaśnia, że zadanie polega na strzeleniu kilku goli do wyznaczonej bramki za pomocą skoncentrowanego, silnego strumienia wydychanego powietrza. Zwraca uczniowi uwagę na różną wielkość i ciężar piłek oraz prosi o dostosowanie natężenia wydechu. Przypomina o prawidłowym torze oddechowym.

8. Rozwijanie kompetencji fonologicznych: „Rebusy fonetyczne"

Kierujący zabawą poleca dziecku wykonanie zadania (załącznik nr 19), polegającego na nazwaniu umieszczonych poziomo obrazków. Następnie prosi o wymówienie i połączenie ze sobą pierwszych głosek ich nazw. Utworzone w ten sposób hasła dziecko wypowiada i zapisuje w zeszycie ćwiczeń. Prowadzący poleca oznaczenie liter „sz" i „s" odpowiednim kolorem.

susz, szosa, susza, szałas, sojusz

9. Ćwiczenia artykulacyjne: „Czarny Piotruś"

Prowadzący układa przed dzieckiem karty z obrazkami (załącznik nr 20), podając ich nazwy. Za każdym razem prosi o ich powtórzenie. Zwraca uwagę na poprawność artykulacyjną wymawianych przez ucznia słów. Prowadzący wskazuje kartę, która jest „Czarnym Piotrusiem", czyli obrazek przedstawiający skrzata. Wyjaśnia, że grę przegrywa osoba posiadająca ten obrazek na końcu zabawy. Prowadzący tasuje karty i rozdaje po 6 każdemu z graczy. Resztę kart ułożonych obrazkiem do dołu układa w stos. Tłumaczy, że należy pozbywać się kart, wyszukując pary, czyli karty, na których jest taki sam obrazek. Po przeglądzie kart otrzymanych z rozdania i odłożeniu par uczestnicy na przemian biorą po jednej karcie ze stosu aż do ich wyczerpania. W trakcie pozbywają się par, podając za każdym razem nazwę umieszczonych na nich obrazków. Po wyczerpaniu kart ze stosu grający wybierają na przemian jedną z posiadanych przez przeciwnika i dokładają do własnych. Nadal odkładają pary obrazków, pozbywając się kart. Gra trwa do wyczerpania kart. Osoba, której pozostała karta przedstawiająca skrzata, zostaje „Czarnym Piotrusiem".

strzała, krzesło, strzykawka, skrzydło, skrzynia, szałas, suszarka, listonosz, strzelba, wstążka, serduszka, szóstka, skrzat

10. Podsumowanie zajęć

Prowadzący zajęcia wkleja do zeszytu ćwiczeń zestaw sylab (załącznik nr 17), łamigłówkę „Skojarzeniówkę" (załącznik nr 18) i „Rebusy fonetyczne" (załącznik nr 19), polecając staranne utrwalanie artykulacji odgadniętych haseł w domu. Przekazuje uczniowi zestaw kart z obrazkami do gry w „Czarnego Piotrusia", których nazwy należy utrwalać w trakcie gry (załącznik nr 20). Dziękuje dziecku za pracę i nagradza je.

Załącznik nr 17

Powtarzaj starannie sylaby.

strza, strzo, strze, strzy,
sprza, sprzo, sprze, sprzy,
skrza, skrzo, skrze, skrzy.

Załącznik nr 18

SKOJARZENIÓWKA. Połącz sylaby z obu kolumn tak, by powstały sensowne wyrazy. Odczytaj utworzone hasła.

sze	kosz
sma	larz
wstą	pis
szan	lest
sto	żka
prze	sa

sidǝzɹd 'zɹɐloʇs 'ɐsuɐzs 'ɐʞżąʇsʍ 'zsoʞɐws 'ʇsǝlǝzs

ZAŁĄCZNIK NR 19

REBUSY FONETYCZNE. Nazwij umieszczone poziomo obrazki. Następnie wymów i połącz ze sobą pierwsze głoski ich nazw. Powtórz starannie utworzone hasła.

sns, szos, szosa, snsza, szałas, sojusz

ZAŁĄCZNIK NR 20

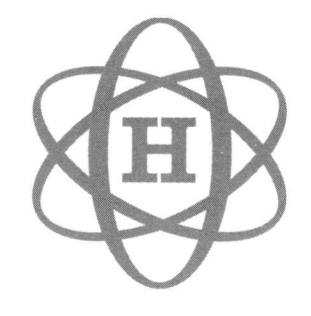

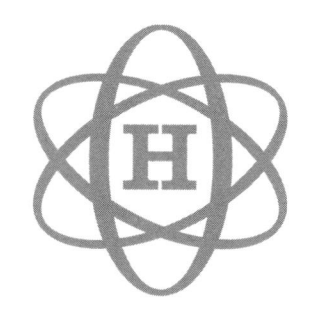

41

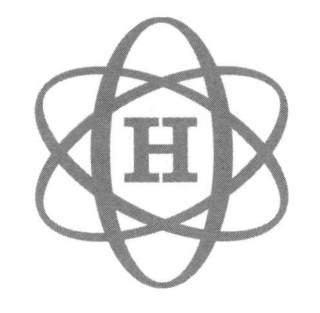

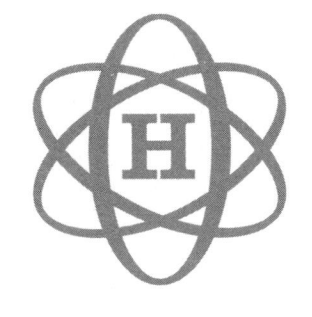

43

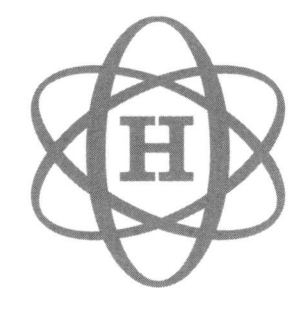

SCENARIUSZ 6

Temat: Utrwalanie różnicowania artykulacji głosek „sz" i „s" w zdaniach z trudnymi słowami.

Cele zajęć:
- wdrażanie do prawidłowego różnicowania artykulacji głosek „sz" i „s" w zdaniach z trudnymi słowami;
- usprawnianie funkcji narządów mowy – czynności oddychania, motoryki artykulatorów i fonacji;
- utrwalanie prawidłowego toru oddechowego;
- rozwijanie kompetencji fonologicznych.

Metody: słowna, pokazu, naśladownictwa, ćwiczeń praktycznych.

Środki dydaktyczne: lustro, tablica z obrazkami i zdaniami, łamigłówka „Szyfrówka", strużyny powstałe podczas temperowania kredek, łamigłówka „Rymy", zestaw zdań, zdania z podziałem na sekwencje sylabowe.

PRZEBIEG ZAJĘĆ

1. Powitanie

2. Sprawdzenie utrwalenia artykulacji w przekazanym do domu materiale językowym

3. Przedstawienie tematu zajęć

4. Ćwiczenia usprawniające pracę artykulatorów: „Stolarz"

Prowadzący umawia się z dzieckiem, że będzie włączało się do opowiadania we wskazanym momencie i w określony sposób. Ćwiczenia należy wykonać przed lustrem.

Przemek lubi podglądać swojego tatę podczas pracy. Jego tata jest stolarzem. Dziś w warsztacie będzie budował szafę z drewna sosnowego. Deski na ten mebel najpierw należy wyheblować (układanie szerokiego języka w kształt łopaty i przesuwanie poziomo po górnym łuku zębowym) *i wygładzić z obu stron drobnym papierem ściernym* (przesuwanie czubkiem języka po górnym i dolnym wałku dziąsłowym). *Potem deski są odpowiednio docinane piłą* (przeciskanie szerokiego języka przez zsunięte zęby) *i łączone w całość za pomocą wbijanych gwoździ* (dotykanie czubkiem języka kolejno górnych i dolnych zębów). *Gotową szafę tata Przemka starannie pokrywa bejcą za pomocą szerokiego pędzla* (przesuwanie czubkiem języka po wewnętrznej powierzchni policzków oraz po podniebieniu górnym i dolnym). *Następnie osusza strumieniem ciepłego* (wymawianie z wyraźnie zaokrąglonymi ustami głoski „sz") *i zimnego powietrza* (wymawianie z wyraźnie rozciągniętymi ustami głoski „s"). *Mebel prezentuje się wspaniale. Przemek jest dumny z taty.*

5. Ćwiczenia artykulacyjne: „Obrazkowe zdania"

Kierujący prezentuje dziecku zdania z obrazkami (załącznik nr 21). Prosi ucznia o ich nazwanie. Następnie wyjaśnia, że zadanie polega na powtarzaniu czytanych przez niego fragmentów zdań i uzupełnianiu ich w odpowiednim miejscu nazwami obrazków. Prosi dziecko o odtworzenie zapamiętanych zdań. Dba o poprawność artykulacyjną wypowiedzi. W przypadku trudności artykulacyjnych prowadzący oznacza różnicowane głoski symbolami w ustalonych kolorach.

Przy skrzyni stoi...
Szybko przysuwam...do stołu.
Obok domu Sergiusza jest...autobusowy.
Jastrząb nastroszył...

6. Ćwiczenia artykulacyjne: „Szyfrówka"

Uczeń otrzymuje tablicę z łamigłówką (załącznik nr 22). Kierujący ćwiczeniami czyta pytanie i poleca powtórzenie jego treści. Następnie wyjaśnia dziecku, że zadanie polega na odpowiednim przestawieniu sylab w diagramach tak, by utworzyć sensowny wyraz i za jego pomocą sformułować odpowiedź na pytanie.

Jaki jest szalik Staszka? (puszysty)
Kto wystąpił w szkolnym przedstawieniu? (pastuszek)
Kto przyniósł list i przesyłkę? (listonosz)
Jaki autobus przyjechał na przystanek? (pospieszny)
Kim jest Sergiusz Szapałowski? (szachistą)

7. Zabawa oddechowa: „Wiórki drewna"

Prowadzący układa na otwartej dłoni ucznia kilka strużyn powstałych podczas temperowania kredek. Wyjaśnia, że zadanie polega na zdmuchnięciu strużyn z dłoni trzema sposobami. W pierwszej rundzie za pomocą skoncentrowanego strumienia powietrza wydychanego przez utworzoną z języka rurkę lekko wysuniętą z ust. Następnie wydychanym powietrzem przy artykulacji głoski „sz". Na koniec podczas artykulacji głoski „s". Kierujący zabawą przypomina dziecku o prawidłowym torze oddechowym.

8. Rozwijanie kompetencji fonologicznych: „Rymy"

Uczeń otrzymuje łamigłówkę (załącznik nr 23). Osoba prowadząca zajęcia wyjaśnia dziecku, że zadanie polega na uzupełnieniu zdań wyrazami umieszczonymi wokół tekstu, tak by powstała rymowanka. Następnie poleca odczytanie utworzonych zdań.

*Ta **poduszka** jest wyszywana w **serduszka**.*
*Na strychu Staszek **słyszy** skrobanie **myszy**.*
*Te **straszydła** mają puszyste **skrzydła**.*
*Dla wszystkich to **katusza** taka straszna **susza**.*
*W starej skrzyni **staruszek** szuka **poduszek**.*
*Łukasz przypina do **kapelusza** srebrnego **skarabeusza**.*

9. Rozwijanie kompetencji fonologicznych: „Sylabowe rytmy"

Kierujący zajęciami demonstruje dziecku rytm wyklaskiwany w sekwencjach po dwa dźwięki. Prosi ucznia o powtórzenie. Potem czyta zdania (załącznik nr 24) i prosi o ich powtarzanie. Ponownie wymawiając ich treść, wyklaskuje rytm w sekwencjach po dwie sylaby. Zadanie dziecka polega na powtórzeniu w taki sposób zrytmizowanego tekstu (załącznik nr 25). Podczas wykonywania zadania prowadzący dba o poprawność artykulacyjną wypowiedzi ucznia.

Słyszę szelest suchych szyszek.
Trzask wystrzału przestraszył Szymona.
Przysmakiem Sergiusza są fistaszki.
Łukasz skrzętnie posprzątał przedpokój.
Skosztowałam deseru z suszonymi gruszkami.

Sły szę   sze lest   su chych   szy szek.
Trzask wy   strza łu   prze stra   szył Szy   mo na.
Przy sma   kiem Ser   giu sza   są fi   sta szki.
Łu kasz   skrzę tnie   po sprzą   tał przed   po kój.
Sko szto   wa łam   de se   ru z su   szo ny   mi gru   szka mi.

10. Podsumowanie zajęć

Kierujący zajęciami wkleja do zeszytu ćwiczeń wszystkie załączniki (nr 21–25). Poleca uczniowi staranne utrwalanie prawidłowej artykulacji zdań w domu. Zachęca do samodzielnego tworzenia zdań z wyrazów zawierających różnicowane głoski „sz" i „s". Dziękuje dziecku za pracę i nagradza je.

Załącznik nr 21

Powtórz starannie związane z obrazkami zdania.

Przy skrzyni stoi strzelba.
Szybko przysuwam krzesło do stołu.
Obok domu Sergiusza jest przystanek autobusowy.
Jastrząb nastroszył skrzydła.

ZAŁĄCZNIK NR 22

SZYFRÓWKA. Przeczytaj starannie pytania. Przestaw sylaby w diagramach tak, by utworzyć sensowny wyraz, oraz za jego pomocą sformułuj odpowiedź na pytanie.

Jaki jest szalik Staszka?

| PU | STY | SZY |

Kto wystąpił w szkolnym przedstawieniu?

| SZEK | PAS | TU |

Kto przyniósł list i przesyłkę?

| NOSZ | LIS | TO |

Jaki autobus przyjechał na przystanek?

| PO | SZNY | SPIE |

Kim jest Sergiusz Szapałowski?

| STĄ | SZA | CHI |

ZAŁĄCZNIK NR 23

RYMY. Uzupełnij zdania wyrazami umieszczonymi wokół tekstu, tak by utworzyć rymowankę. Powtarzaj starannie utworzone zdania.

MYSZY *SUSZA* *SKARABEUSZA*

Ta poduszka jest wyszywana w ....

Na strychu Staszek słyszy skrobanie ....

Te straszydła mają puszyste ....

Dla wszystkich to katusza taka straszna ....

W starej skrzyni staruszek szuka ....

Łukasz przypina do kapelusza srebrnego ....

SERDUSZKA *PODUSZEK* *SKRZYDŁA*

ZAŁĄCZNIK NR 24

Powtarzaj starannie zdania.

Słyszę szelest suchych szyszek.
Trzask wystrzału przestraszył Szymona.
Przysmakiem Sergiusza są fistaszki.
Łukasz skrzętnie posprzątał przedpokój.
Skosztowałam deseru z suszonymi gruszkami.

ZAŁĄCZNIK NR 25

Powtarzaj starannie zdania, wyklaskując rytm zgodnie z podziałem na sekwencje po dwie sylaby.

Sły szę   sze lest   su chych   szy szek.

Trzask wy   strza łu   prze stra   szył Szy   mo na.

Przy sma   kiem Ser   giu sza   są fi   sta szki.

Łu kasz   skrzę tnie   po sprzą   tał przed   po kój.

Sko szto   wa łam   de se   ru z su   szo ny   mi gru   szka mi.

SCENARIUSZ 7

Temat: Utrwalanie różnicowania artykulacji głosek „sz" i „s" w tekście z trudnymi słowami.

CELE ZAJĘĆ:
- wdrażanie do prawidłowego różnicowania artykulacji głosek „sz" i „s" w tekście z trudnymi słowami;
- usprawnianie funkcji narządów mowy – czynności oddychania, motoryki artykulatorów i fonacji;
- rozwijanie zasobów językowych;
- rozwijanie kompetencji fonologicznych.

METODY: słowna, pokazu, naśladownictwa, ćwiczeń praktycznych.

ŚRODKI DYDAKTYCZNE: tekst opowiadania „W kaszubskim skansenie", lustro, obrazki do historyjki, łamigłówka „Skojarzeniówka", kartka z otworami o różnej średnicy przysłoniętymi bibułą, pary wyrazów.

PRZEBIEG ZAJĘĆ

1. Powitanie

2. Sprawdzenie utrwalenia artykulacji w przekazanym do domu materiale językowym

3. Przedstawienie tematu zajęć

4. Ćwiczenia artykulacyjne: tekst „W kaszubskim skansenie"

Prowadzący zajęcia prosi dziecko o koncentrację uwagi i czyta tekst opowiadania (załącznik nr 26).

W kaszubskim skansenie

Staszek i Sabinka przyjechali do skansenu. Ten skansen jest kaszubską osadą z chałupami, stodołami, szopami i warsztatami. Przewodnik wspaniale opowiadał o wszystkim – również o kaszubskich przysmakach, które gotowano chętnie z kasz, grochu i fasoli. Sabinka spostrzegła na dachach chałup strzechę. We wnętrzu domów dzieci oglądały stare sprzęty gospodarskie. Było tam schludnie i kolorowo. Szafy, krzesła i skrzynie miały namalowane kaszubskie motywy, a na meblach były wyszywane serwety, obrusy i poduszki. Staszek poszedł do starej szopy. Na jej stryszku oglądał kosy, szufle i końską uprząż. Wyprawa do skansenu sprawiła wszystkim szaloną frajdę. Dlatego niespiesznie ruszyli w stronę przystanku autobusowego.

(Irena Dobrowolska)

Po przeczytaniu opowiadania osoba prowadząca zajęcia pyta ucznia o zrozumienie jego treści. Wyjaśnia znaczenie nieznanych dziecku słów. Następnie ponownie czyta kolejne zdania tekstu i prosi ucznia o ich powtarzanie. W przypadku trudności artykulacyjnych prowadzący oznacza różnicowane głoski symbolami w ustalonych kolorach.

5. Ćwiczenia usprawniające pracę artykulatorów: „Sprzątanie"

Prowadzący umawia się z dzieckiem, że będzie włączało się do opowiadania we wskazanym momencie i w określony sposób. Ćwiczenia należy wykonać przed lustrem.

Agnieszka rozejrzała się po wnętrzu swojego pokoju (układanie języka w różnych miejscach jamy ustnej). *Stwierdziła, że wszędzie jest bałagan. Musiała koniecznie posprzątać. Z krzesła zdjęła ubrania i rozwiesiła kolejno na wieszakach w szafie* (dotykanie czubkiem języka kolejno górnych zębów). *Wytarła kurz z górnych półek* (poruszanie czubkiem języka po górnym wałku dziąsłowym). *Poukładała książki na niższych półkach* (dotykanie kolejno czubkiem języka dolnych zębów). *Odkurzyła starannie podłogę* (poruszanie czubkiem języka po dolnym wałku dziąsłowym). *Raz jeszcze rozejrzała się po pokoju* (przesuwanie czubkiem języka wokół otwartych i zaokrąglonych ust) *i cmoknęła z zadowoleniem* (cmoknięcie wargami). *Nawet powietrze w pokoju było czystsze* (głęboki wdech nosem i spokojny wydech ustami).

6. Ćwiczenia artykulacyjne: „Historyjka"

Uczeń otrzymuje tablicę z obrazkami (załącznik nr 27). Prowadzący poleca ułożenie z nich historyjki obrazkowej zgodnie z przebiegiem zdarzeń w tekście „W kaszubskim skansenie". Następnie prosi, by dziecko patrząc na ilustracje, przywołało w kilku zdaniach treść opowiadania. Osoba kierująca przypomina o konieczności budowania odpowiedzi za pomocą zdań poprawnych pod względem gramatycznym i treściowym. Prowadzący dba o poprawność artykulacyjną wymawianych przez ucznia słów.

7. Ćwiczenia artykulacyjne: „Skojarzeniówka"

Kierujący zajęciami demonstruje dziecku łamigłówkę (załącznik nr 28). Prosi ucznia o powtórzenie umieszczonych w niej wyrazów. Potem poleca otoczenie linią tylko tych wyrazów, które wystąpiły w tekście „W kaszubskim skansenie".

strzecha, uprząż, krzesła, Staszek, przystanek, stryszek, skrzynie, przysmaki, sprzęty

8. Zabawa oddechowa: „Strzał powietrzem"

Dziecko otrzymuje kartkę z otworami o różnej średnicy. Są one osłonięte z drugiej strony kolorową bibułą tak, by można ją było uchylić. Prowadzący wyjaśnia, że zadanie polega na „strzelaniu powietrzem", czyli wydmuchiwaniu skoncentrowanego strumienia powietrza w kierunku otworów po to, by poruszyć umieszczoną tam bibułą. W kolejnej próbie kierujący zabawą poleca dziecku trafianie w otwory poprzez pulsacyjne wdmuchiwanie powietrza na jednym długim wydechu.

9. Rozwijanie kompetencji fonologicznych: „Szukanie samogłosek"

Osoba kierująca zajęciami czyta pary wyrazów (załącznik nr 29) i prosi ucznia o ich staranne powtórzenie. Następnie ponownie kolejno czyta podane zestawy wyrazów i poleca wskazanie, w którym znajduje się wymieniona przez nią samogłoska.

Staszek – sprzęty (Gdzie jest samogłoska „a"?)
krzesła – skrzynia (Gdzie jest samogłoska „y"?)
strzecha – stryszek (Gdzie jest samogłoska „a"?)
przystanek – przysmaki (Gdzie jest samogłoska „e"?)

10. Podsumowanie zajęć

Prowadzący zajęcia wkleja do zeszytu ćwiczeń tekst opowiadania (załącznik nr 26), historyjkę obrazkową (załącznik nr 27), wykonane zadanie (załącznik nr 28) oraz pary wyrazów (załącznik nr 29). Prosi o wykonanie w domu dodatkowych poleceń związanych z tekstem. Dziękuje dziecku za pracę i nagradza je.

Załącznik nr 26

Powtarzaj starannie tekst opowiadania. Samodzielnie przeczytaj tekst. Zmieniaj tempo artykulacji w kolejnych zdaniach.

W kaszubskim skansenie

Staszek i Sabinka przyjechali do skansenu. Ten skansen jest kaszubską osadą z chałupami, stodołami, szopami i warsztatami. Przewodnik wspaniale opowiadał o wszystkim – również o kaszubskich przysmakach, które gotowano chętnie z kasz, grochu i fasoli. Sabinka spostrzegła na dachach chałup strzechę. We wnętrzu domów dzieci oglądały stare sprzęty gospodarskie. Było tam schludnie i kolorowo. Szafy, krzesła i skrzynie miały namalowane kaszubskie motywy, a na meblach były wyszywane serwety, obrusy i poduszki. Staszek poszedł do starej szopy. Na jej stryszku oglądał kosy, szufle i końską uprząż. Wyprawa do skansenu sprawiła wszystkim szaloną frajdę. Dlatego niespiesznie ruszyli w stronę przystanku autobusowego.

(Irena Dobrowolska)

ZAŁĄCZNIK NR 27

Ponumeruj obrazki zgodnie z kolejnością zdarzeń w opowiadaniu „W kaszubskim skansenie".

55

ZAŁĄCZNIK NR 28

SKOJARZENIÓWKA. Przeczytaj starannie wyrazy. Otocz linią tylko te, które wystąpiły w tekście „W kaszubskim skansenie".

SŁABEUSZ   STRZECHA   SUSZA   SZOSA

UPRZĄŻ   MASAŻ   PRZEPIS

CHRZĘST   SUSZARKA   KRZESŁA   SZÓSTA

STRZĘPY   STASZEK   SKRZAT

PRZYSTANEK   STRYSZEK   SUSZ   SKRZYP

SKRZYNIE   STRZELBA   SZANSA

PRZYSMAKI   PISARZ   SPRZĘTY   OSZUST

---

strzecha, uprząż, krzesła, Staszek, przystanek, stryszek, skrzynie, przysmaki, sprzęty

ZAŁĄCZNIK NR 29

Powtórz słowa parami. Odpowiedz na pytania. Wymyśl i zapisz rymy do kilku spośród wymienionych wyrazów.

Staszek – sprzęty (Gdzie jest samogłoska „a"?)
krzesła – skrzynia (Gdzie jest samogłoska „y"?)
strzecha – stryszek (Gdzie jest samogłoska „a"?)
przystanek – przysmaki (Gdzie jest samogłoska „e"?)

Głoski s – ś

SCENARIUSZ 1

Temat: Ćwiczenia wstępne różnicowania artykulacji głosek „s" i „ś" oraz ich utrwalanie w izolacji oraz sylabach.

CELE ZAJĘĆ:
- usprawnianie funkcji narządów mowy – czynności oddychania, motoryki artykulatorów i fonacji;
- przedstawienie zasad poprawnej artykulacji głosek „s" i „ś";
- wdrażanie do prawidłowego różnicowania artykulacji głosek „s" i „ś" w izolacji i sylabach.

METODY: słowna, pokazu, naśladownictwa, ćwiczeń praktycznych.

ŚRODKI DYDAKTYCZNE: lustro, zestaw ćwiczeń artykulacyjnych, tablica ze schematami i symbolami przedstawiająca układy narządów mowy, tablice ze schematami przedstawiające esy-floresy o różnej długości i w różnych strukturach rytmicznych, zestaw par sylab, siedem kapsli, łamigłówka „Skojarzeniówka".

PRZEBIEG ZAJĘĆ

1. Powitanie

2. Przedstawienie tematu zajęć

3. Ćwiczenia usprawniające motorykę artykulatorów

Prowadzący siedzi z uczniem przed lustrem i demonstruje kolejno ćwiczenia (załącznik nr 1). Prosi o ich staranne powtarzanie, dba o poprawność wykonywanych przez dziecko ćwiczeń:
- liczenie czubkiem języka dolnych zębów;
- przesuwanie czubkiem języka wzdłuż dolnego wałka dziąsłowego;
- uczulanie linii środkowej języka szpatułką lub trzonkiem metalowej łyżeczki;
- gwizdanie z językiem ułożonym przy dolnym wałku dziąsłowym;
- zwijanie boków języka w kształt rurki i wydmuchiwanie przez nią powietrza: „strażak";
- podwijanie przedniej części języka do wędzidełka podjęzykowego;
- układanie przedniej części języka przy dolnym wałku dziąsłowym i unoszenie grzbietu języka do podniebienia górnego: „koci grzbiet";
- umieszczanie przedniej części języka przy dolnym wałku dziąsłowym i przesuwanie masy języka w głąb jamy ustnej;
- naprzemienne układanie lekko zaokrąglonych ust i szeroki uśmiech;
- przyciskanie grzbietu języka do dziąseł i podniebienia górnego podczas opuszczania i unoszenia żuchwy;
- wciąganie i uwypuklanie policzków do wewnątrz i na zewnątrz jamy ustnej: „chucherko" i „bobasek".

4. Omówienie zasad poprawnej wymowy głosek „s" i „ś"

Osoba prowadząca zajęcia prezentuje dziecku tablicę ze schematami i symbolami przedstawiającą układ narządów mowy podczas wymawiania głosek „s" i „ś" (załącznik nr 2). Przypomina warunki prawidłowej artykulacji tych dźwięków.

Zwraca uwagę na rozchylone i lekko rozsunięte usta, czubek języka umieszczony przy dolnych siekaczach i zbliżone do siebie zęby podczas wymowy głoski „s". Wymawia ją na długim wydechu. Prosi, by uczeń powtórzył ćwiczenie.

Następnie prowadzący wyjaśnia, że przy artykulacji głoski „ś" usta są lekko uchylone i zaokrąglone. Przednia część języka skierowana jest do dolnego wałka dziąsłowego, a środkowa część unosi się do przedniej części podniebienia twardego. Wymawia głoskę „ś" na długim wydechu. Prosi, by uczeń powtórzył ćwiczenie.

Dorosły ustala, że litery, które oznaczają głoskę „s", należy wyróżniać ustalonym symbolem w kolorze zielonym. Literom oznaczającym głoskę „ś" zostanie przyporządkowany symbol w kolorze żółtym.

5. Ćwiczenia artykulacyjne: „Kolorowe esy-floresy"

Kierujący zabawą pokazuje dziecku tablicę ze schematami przedstawiającymi wzory o różnej długości i w różnych strukturach rytmicznych utworzone z równoległych linii (załącznik nr 3). Wskazuje na umieszczone na nich czarne kropki. Poleca, by uczeń wypełnił odcinki pomiędzy kropkami kolorem zielonym i żółtym w dowolnych kombinacjach. Następnie prosi ucznia, by przesuwając palcem wskazującym po kolejnych schematach zgodnie z kierunkiem strzałek, na długim wydechu wybrzmiewał głoski, które odpowiadają kolorom.

6. Rozwijanie kompetencji fonologicznych: „Zabawa w chowanego"

Osoba prowadząca zajęcia prosi dziecko, by klasnęło w dłonie, gdy w wymawianym przez nią ciągu głosek usłyszy głoskę „s". Kierujący zabawą zasłania usta dłonią, by uczeń koncentrował uwagę jedynie na dźwiękach. Nagradza prawidłowe reakcje ucznia.

s, ś, f, s, sz, s, s, f, ś, s, ś, ś, s, sz...

7. Ćwiczenia artykulacyjne: „Sylaby"

Prowadzący wymawia starannie pary sylab (załącznik nr 4):

sa – sia, so – sio, su – siu, se – sie, sy – si,
asa – asia, oso – osio, usu – usiu, ese – esie, ysy – ysi,
as – aś, os – oś, us – uś, es – eś, ys – yś.

W trakcie ich wymawiania oznacza sylaby ustalonymi wcześniej symbolami i kolorami, by ułatwić dziecku różnicowanie dźwięków. Następnie prosi ucznia o powtarzanie par wskazanych sylab. Dba o poprawną artykulację.

8. Zabawa oddechowa: „Siedem kapsli"

Kierujący zabawą układa przed dzieckiem siedem kapsli w jednym rzędzie. Wyjaśnia, że zadanie polega na przemieszczeniu kolejno wszystkich kapsli za pomocą skoncentrowanego, silnego strumienia powietrza jak najdalej. Przypomina o prawidłowym torze oddechowym, czyli krótkim wdechu powietrza nosem i długim wydechu ustami.

9. Ćwiczenia artykulacyjne: „Skojarzeniówka"

Uczeń otrzymuje tablicę z łamigłówką (załącznik nr 5). Kierujący zabawą poleca odszukanie par pasujących do siebie puzzli z sylabami, które różnią się jedynie ćwiczonymi głoskami, i połączenie ich linią. Następnie prosi o oznaczenie odpowiednio symbolami i kolorami ćwiczonych głosek oraz odczytanie sylab parami. Dba o poprawność artykulacyjną czytanych zestawień sylabowych.

sa – sia, se – sie, oso – osio, usu – usiu, as – aś, es – eś

10. Podsumowanie zajęć

Osoba prowadząca zajęcia wkleja do zeszytu zestaw ćwiczeń usprawniających motorykę artykulatorów (załącznik nr 1), schemat przedstawiający układ narządów mowy podczas wymawiania głoski „s" i „ś" (załącznik nr 2), tablice ze schematami esów-floresów (załącznik nr 3), zestaw sylab (załącznik nr 4), których artykulację należy utrwalać w domu, oraz łamigłówkę (załącznik nr 5). Dziękuje uczniowi za pracę i nagradza go.

Załącznik nr 1

Wykonuj starannie ćwiczenia, kontrolując ich poprawność w lustrze.

- liczenie czubkiem języka dolnych zębów;
- przesuwanie czubkiem języka wzdłuż dolnego wałka dziąsłowego;
- uczulanie linii środkowej języka szpatułką lub trzonkiem metalowej łyżeczki;
- gwizdanie z językiem ułożonym przy dolnym wałku dziąsłowym;
- zwijanie boków języka w kształt rurki i wydmuchiwanie przez nią powietrza: „strażak";
- podwijanie przedniej części języka do wędzidełka podjęzykowego;
- układanie przedniej części języka przy dolnym wałku dziąsłowym i unoszenie grzbietu języka do podniebienia górnego: „koci grzbiet";
- umieszczanie przedniej części języka przy dolnym wałku dziąsłowym i przesuwanie masy języka w głąb jamy ustnej;
- naprzemienne układanie lekko zaokrąglonych ust i szeroki uśmiech;
- przyciskanie grzbietu języka do dziąseł i podniebienia górnego podczas opuszczania i unoszenia żuchwy;
- wciąganie i uwypuklanie policzków do wewnątrz i na zewnątrz jamy ustnej: „chucherko" i „bobasek".

Załącznik nr 2

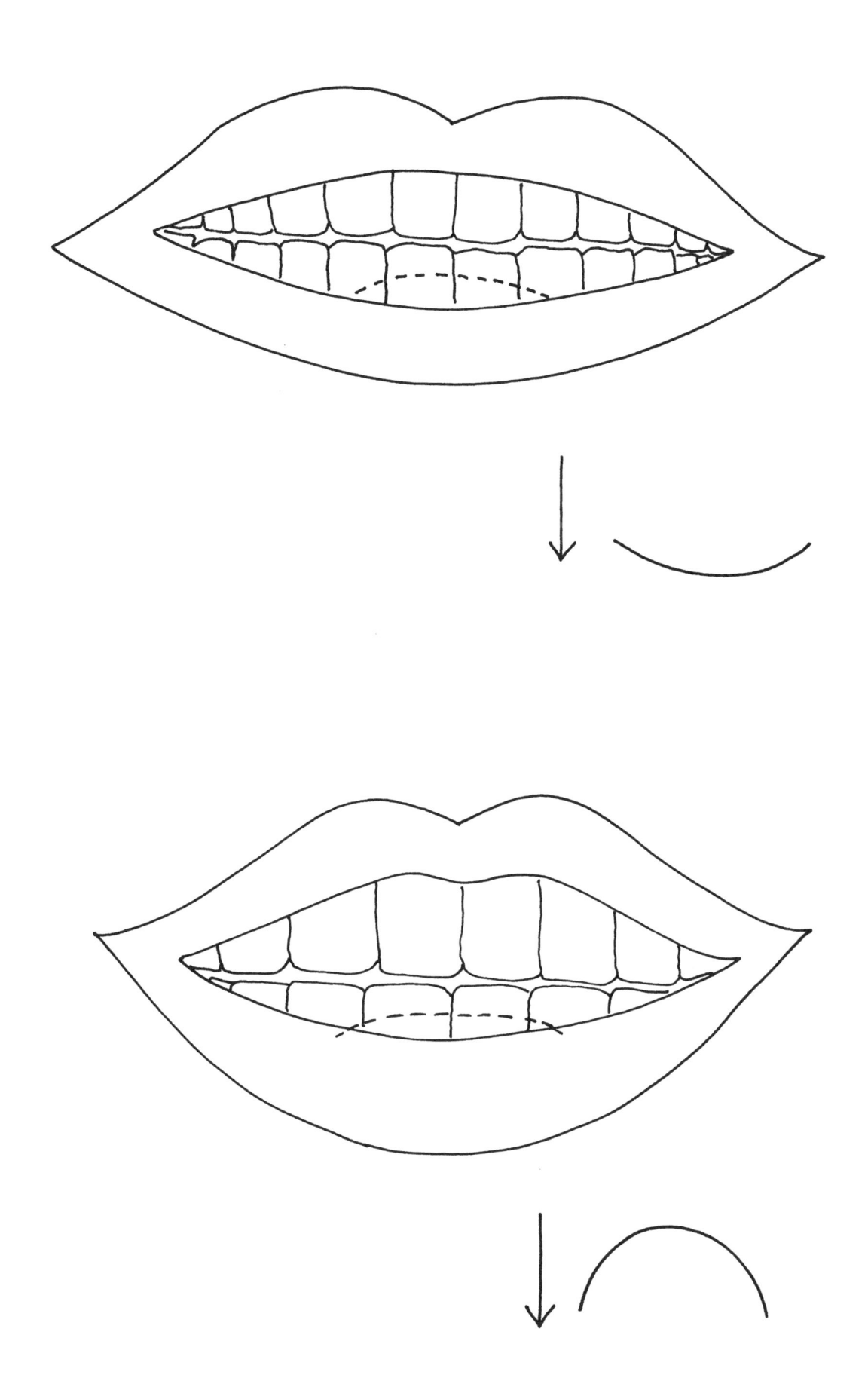

Załącznik nr 3

W esach-floresach wypełnij odcinki pomiędzy kropkami kolorem zielonym i żółtym w dowolnych kombinacjach. Następnie przesuwając palcem wskazującym po kolejnych schematach zgodnie z kierunkiem strzałek, na długim wydechu wybrzmiewaj głoski, które odpowiadają kolorom. Dostosuj wybrzmiewanie głosek do długości wzorów.

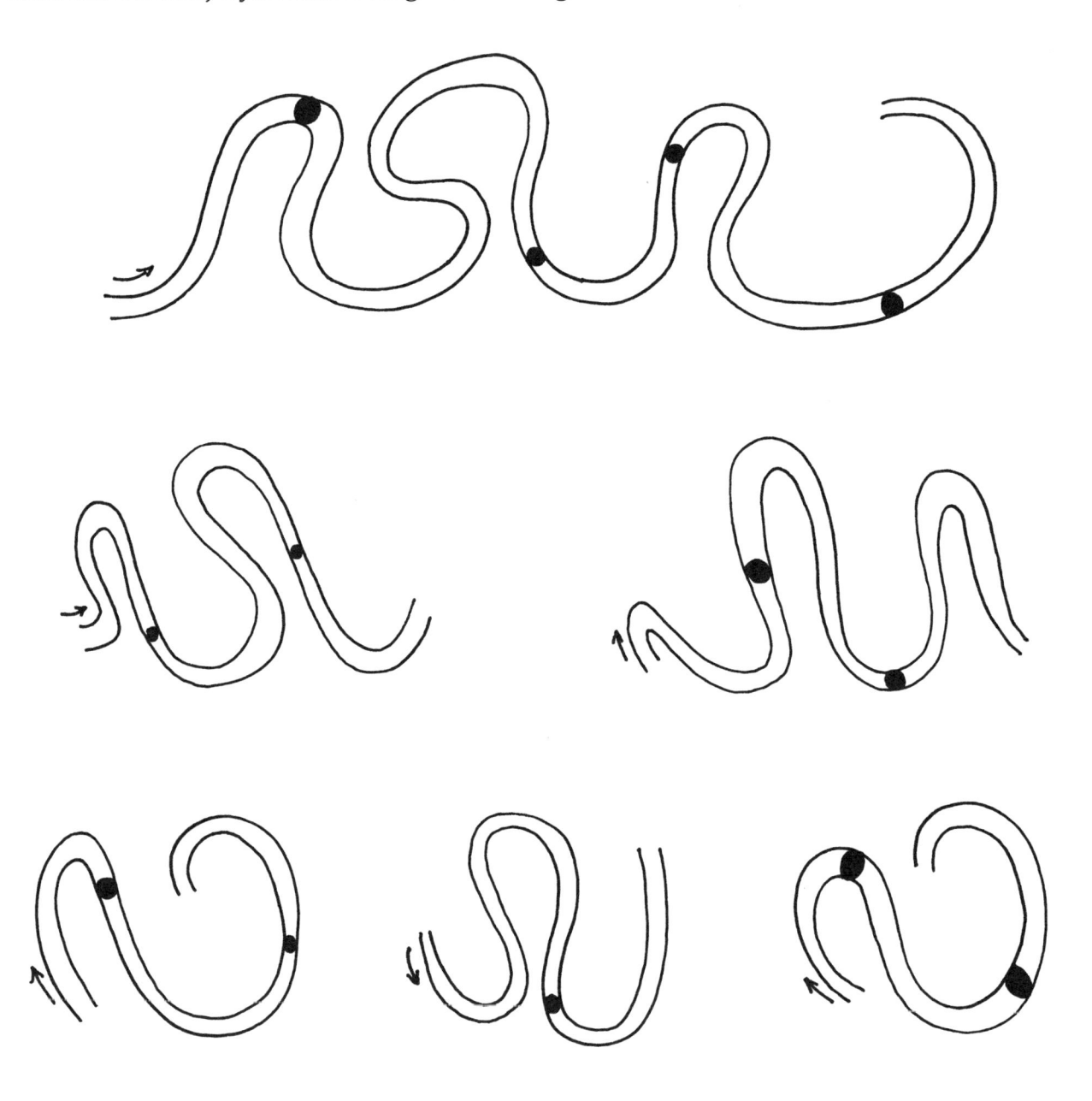

Załącznik nr 4

Powtarzaj starannie pary sylab.

sa – sia , so – sio, su – siu, se – sie, sy – si,
asa – asia, oso – osio, usu – usiu, ese – esie, ysy – ysi,
as – aś, os – oś, us – uś, es – eś, ys – yś.

ZAŁĄCZNIK NR 5

SKOJARZENIÓWKA. Odszukaj i połącz linią puzzle z sylabami różniącymi się ćwiczonymi głoskami. Powtórz starannie pary połączonych sylab.

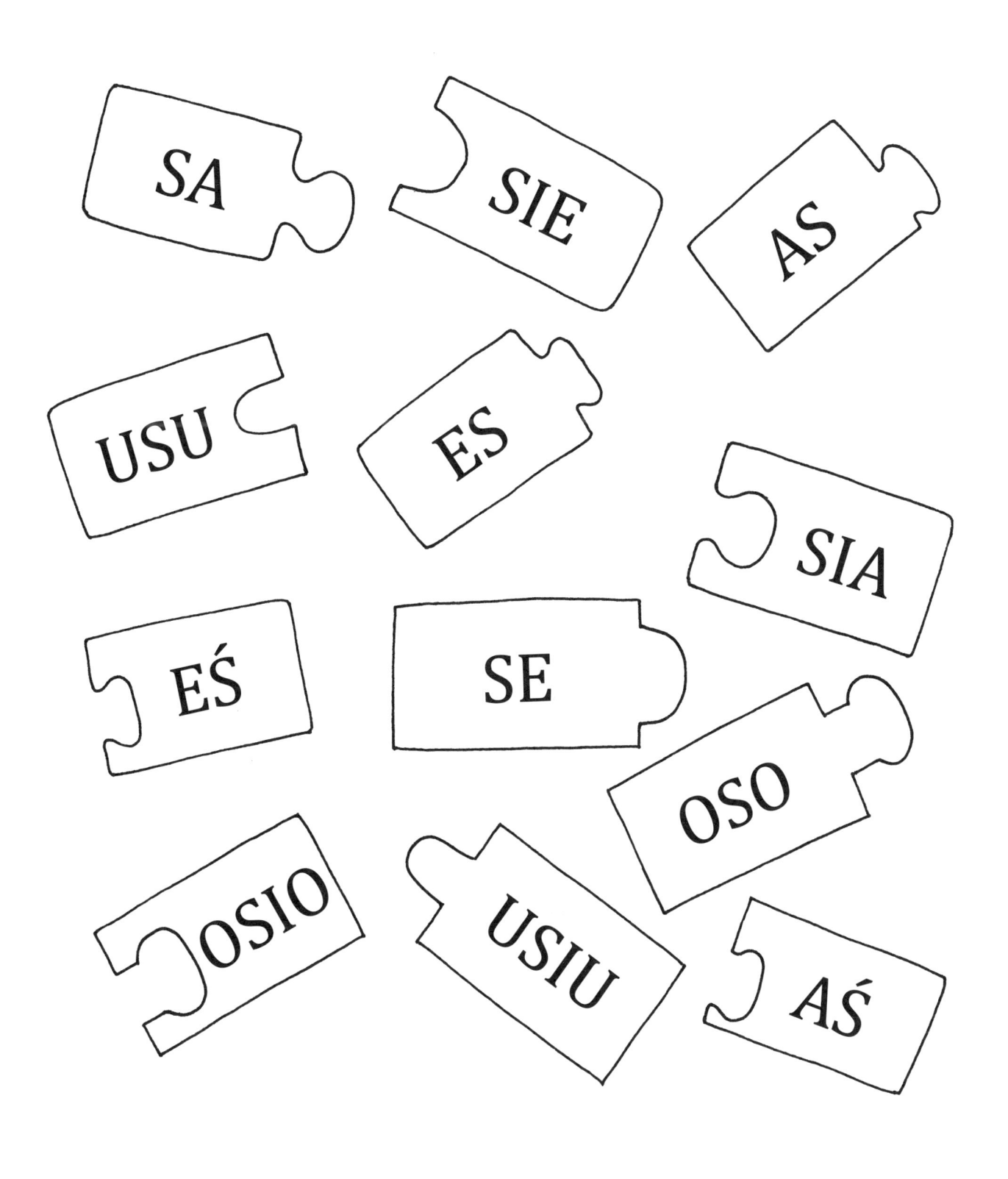

SA, SIE, AŚ

USU, ES

EŚ, SE, SIA

OSIO, USIU, OSO, AŚ

SA – SIA, SE – SIE, OSO – OSIO, USU – USIU, AS – AŚ, ES – EŚ

SCENARIUSZ 2

Temat: Utrwalanie różnicowania artykulacji głosek „s" i „ś" w paronimach i złożeniach wyrazowych.

CELE ZAJĘĆ:
- wdrażanie do prawidłowego różnicowania artykulacji głosek „s" i „ś" w paronimach i złożeniach wyrazowych;
- usprawnianie funkcji narządów mowy – czynności oddychania, motoryki artykulatorów i fonacji;
- utrwalanie prawidłowego toru oddechowego;
- rozwijanie kompetencji fonologicznych.

METODY: słowna, pokazu, naśladownictwa, ćwiczeń praktycznych.

ŚRODKI DYDAKTYCZNE: lustro, zestaw paronimów, łamigłówka „Rebusy", papierowe elementy tworzące postać misia, słomka, tablica z obrazkami, łamigłówka „Rymy".

PRZEBIEG ZAJĘĆ

1. Powitanie

2. Sprawdzenie utrwalenia artykulacji w przekazanym do domu materiale językowym

3. Przedstawienie tematu zajęć

4. Ćwiczenia usprawniające pracę artykulatorów: „Smakowite śniadanie"
Prowadzący zajęcia umawia się z dzieckiem, że będzie włączało się do opowiadania we wskazanym momencie i w określony sposób. Ćwiczenia należy wykonać przed lustrem.

Dziś na śniadanie Sabina jadła ulubione naleśniki z białym serem. Były one zwinięte w ruloniki (układanie języka w kształt rurki) *i bardzo gorące* (wymawianie głoski „s" z przesadnie rozsuniętymi ustami). *Z apetytem zaczęła je jeść* (układanie języka w kształt łyżeczki i unoszenie do górnego wałka dziąsłowego oraz przełykanie śliny z uniesionym do podniebienia językiem). *Część sera i śmietanki została w kącikach ust, z zapałem więc sięgnęła tam językiem* (przesuwanie językiem od prawego do lewego kącika ust). *Śniadanie było bardzo smaczne* (skierowanie czubka języka do dolnego wałka dziąsłowego i uderzanie grzbietem języka o podniebienie górne). *Sabina ucałowała mamę w podziękowaniu* (cmoknięcia ustami) *i raz jeszcze oblizała radośnie wargi* (przesuwanie czubkiem języka po rozsuniętych w uśmiechu wargach).

5. Ćwiczenia artykulacyjne: „Paronimy"
Prowadzący wymawia starannie pary wyrazów (załącznik nr 7):

sad – siad	sennik – siennik	posada – posiada
rys – ryś	miski – miśki	kasa – Kasia

W trakcie ich wymawiania oznacza wyrazy ustalonymi wcześniej symbolami i kolorami, by ułatwić dziecku różnicowanie dźwięków. Zwraca uwagę na różnice w znaczeniu haseł. Następnie prosi ucznia o powtarzanie wyrazów parami. Dba o poprawną artykulację.

6. Rozwijanie kompetencji fonologicznych: „Rebusy"

Uczeń otrzymuje łamigłówkę. Prowadzący zajęcia poleca wykonanie zadania polegającego na rozwiązaniu rebusów (załącznik nr 6) i zapisaniu odpowiedzi. Po wykonaniu zadania przez ucznia prosi go o wymówienie utworzonych haseł. Dba o poprawność artykulacyjną wymawianych przez niego słów.

głośne oklaski, ślady lisa, truskawkowy kisiel, miska śliwek, śpiew kosa

7. Zabawa oddechowa: „Miś Stefan"

Prowadzący zabawę układa przed dzieckiem słomkę oraz wycięte z papieru elementy obrazka przedstawiającego misia. Poleca ułożenie z nich postaci misia Stefana za pomocą zasysanego przez słomkę powietrza. Zwraca uwagę na pracę przepony i zatrzymanie przez chwilę zasysanego powietrza.

8. Ćwiczenia artykulacyjne: „Nazywanie obrazków"

Dziecko otrzymuje tablicę z obrazkami (załącznik nr 8). Osoba prowadząca zajęcia podaje ich nazwy. Przy każdym obrazku prosi o powtórzenie hasła przez ucznia. W drugiej serii prowadzący ponownie pokazuje kolejno obrazki, ale nie podaje wzorca słuchowego ich nazw. Poleca dziecku odpowiedzieć na pytanie: co to jest? Dba o poprawną artykulację ucznia.

stara pasieka, stogi siana, stado gęsi, ostra siekiera, gęste sito, wysokie świerki

9. Rozwijanie kompetencji fonologicznych: „Rymy"

Prowadzący przedstawia uczniowi łamigłówkę (załącznik nr 9) i podaje nazwy umieszczonych na niej obrazków. Prosi, aby dziecko powtórzyło ćwiczone słowa. Następnie proponuje dziecku wykonanie zadania polegającego na odszukaniu wyrazów, które tworzą rymy z nazwami obrazków, i połączeniu ich w pary. Po wykonaniu zadania prowadzący prosi ucznia o wymówienie utworzonych rymów. Dba o poprawność artykulacyjną wymawianych przez niego słów.

*poświata – sałata, stołek – osiołek, maślanka – skakanka,
smaki – ślimaki, ślad – sad, wisienka – sukienka*

10. Podsumowanie zajęć

Prowadzący zajęcia wkleja do zeszytu pary wyrazów (załącznik nr 7), łamigłówkę „Rebusy" (załącznik nr 6), tablicę z obrazkami (załącznik nr 8) oraz łamigłówkę „Rymy" (załącznik nr 9). Poleca uczniowi w domu staranne utrwalanie artykulacji par wyrazów, nazw obrazków i haseł z wykonanych zadań. Dziękuje dziecku za pracę i nagradza je.

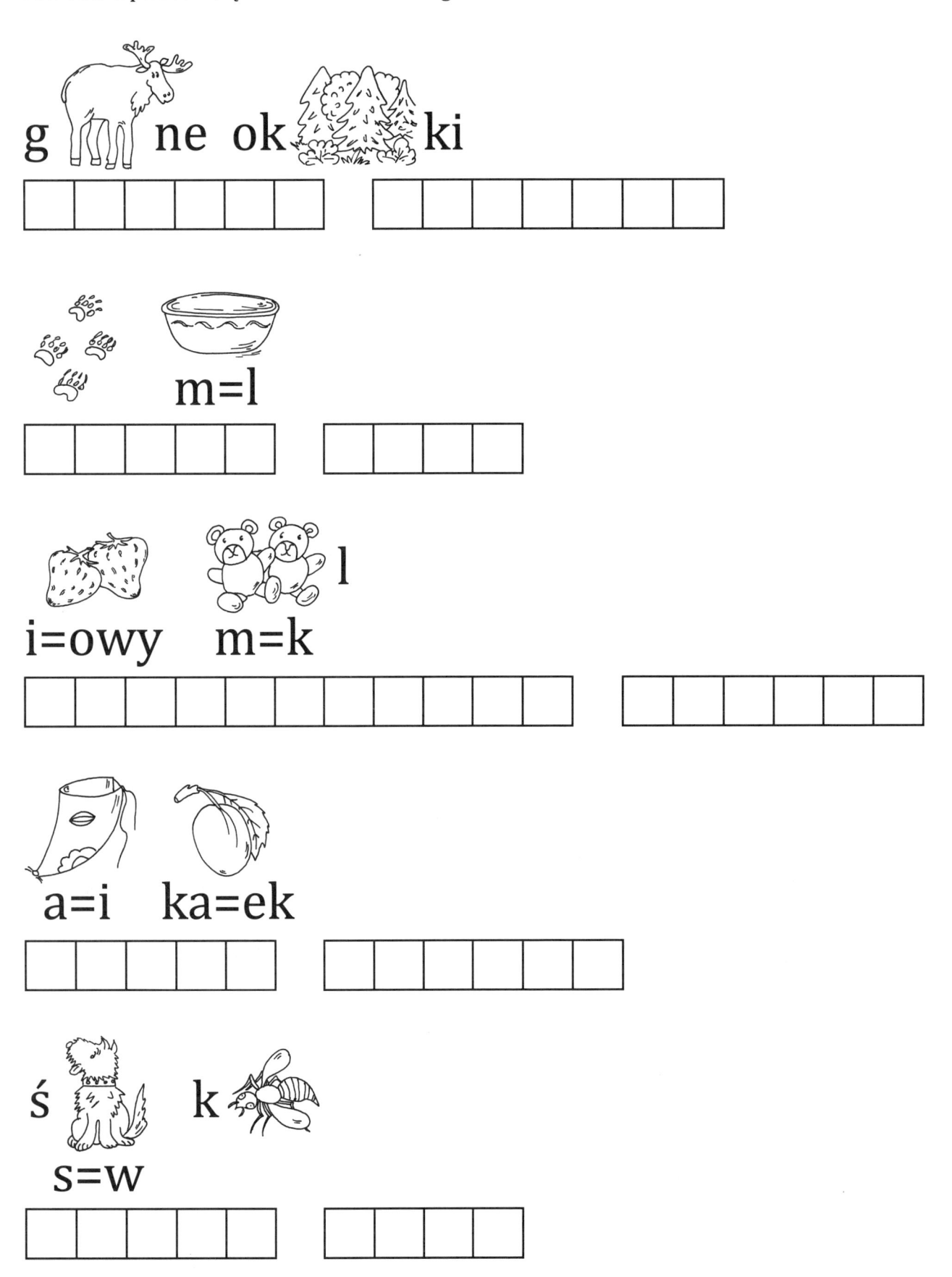

ZAŁĄCZNIK NR 6

REBUSY. Wpisz rozwiązania rebusów do diagramów. Powtórz starannie utworzone hasła.

g [łoś] ne   ok [lasek] ki

[ślady] m=l

[truskawka] i=owy   [misie] m=k   l

[dzban] a=i   [śliwka] ka=ek

ś [pies]   k [osa]
s=w

głośne oklaski, ślady lisa, truskawkowy kisiel, miska śliwek, śpiew kosa

ZAŁĄCZNIK NR 7

Powtarzaj starannie pary wyrazów.

sad – siad	sennik – siennik	posada – posiada
rys – ryś	miski – miśki	kasa – Kasia

ZAŁĄCZNIK NR 8

Powtórz starannie nazwy obrazków.

ZAŁĄCZNIK NR 9

RYMY. Odszukaj obrazki, których nazwy tworzą rymy z hasłami otoczonymi linią. Połącz pary ze sobą. Powtórz starannie utworzone rymy.

poświata

smaki

stołek

maślanka

ślad

wisienka

poświata – sałata, stołek – osiołek, maślanka – skakanka, smaki – ślimaki, ślad – sad, wisienka – sukienka

SCENARIUSZ 3

Temat: Utrwalanie różnicowania artykulacji głosek „s" i „ś" w zdaniach.

Cele zajęć:
- wdrażanie do prawidłowego różnicowania artykulacji głosek „s" i „ś" w zdaniach;
- usprawnianie funkcji narządów mowy – czynności oddychania, motoryki artykulatorów i fonacji;
- utrwalanie prawidłowego toru oddechowego;
- rozwijanie kompetencji fonologicznych.

Metody: słowna, pokazu, naśladownictwa, ćwiczeń praktycznych.

Środki dydaktyczne: lustro, obrazki ze zdaniami, łamigłówka „Szyfrówka", wiązka tasiemek, zestaw obrazków do tworzenia zdania, łamigłówka „Szyfrówka".

PRZEBIEG ZAJĘĆ

1. Powitanie

2. Sprawdzenie utrwalenia artykulacji w przekazanym do domu materiale językowym

3. Przedstawienie tematu zajęć

4. Ćwiczenia usprawniające pracę artykulatorów: „Psoty Jasia"

Prowadzący zajęcia umawia się z dzieckiem, że będzie włączało się do opowiadania we wskazanym momencie i w określony sposób. Ćwiczenia należy wykonać przed lustrem.

Mały Jaś jest urwisem. Chętnie płata psoty swojej siostrze. Dziś bawią się w chowanego. Jaś schował się za trzecim krzesłem od lewej strony stołu (odliczanie czubkiem języka czwartego zęba w górnym łuku zębowym). *Czekał niecierpliwie w swojej kryjówce, rozglądając się na boki* (kierowanie czubka języka w kierunku kącików ust). *Raz nawet cicho gwizdnął, by zwrócić uwagę siostry* (gwizdanie z wyraźnie zaokrąglonymi ustami). *W końcu, gdy nadarzyła się okazja, szybko pobiegł do wyznaczonego miejsca po wygraną* (rytmiczne poruszanie czubkiem języka pomiędzy górnym i dolnym wałkiem dziąsłowym przy otwartych ustach). *Wtedy zachichotał zadowolony* (wymawianie sylab „hi, hi, hi..."). *W końcu przykrył się kocem, by wystraszyć nadchodzącą siostrę* (skierowanie czubka języka do dolnego wałka dziąsłowego i uniesienie środkowej części języka). *Gdy była tuż-tuż Jaś, wyskoczył spod koca* (przeciskanie szerokiego języka przez zsunięte zęby) *i krzyknął „a kuku!". Ola była niezadowolona, więc psotny Jaś uścisnął ją* (lekkie nagryzanie szerokiego języka pomiędzy łukami zębowymi) *i uśmiechnął się przepraszająco* (rozciąganie ust w szerokim uśmiechu).

5. Ćwiczenia artykulacyjne: „Zdania"

Kierujący ćwiczeniami prezentuje dziecku obrazki (załącznik nr 10). Podaje związane z nimi zdania, prosi o powtórzenie i zapamiętanie ich treści. W drugiej serii prowadzący ponownie pokazuje kolejno obrazki, ale nie podaje wzorca słuchowego zdań. Poleca dziecku odtworzenie zapamiętanych zdań. Dba o poprawność artykulacyjną wypowiedzi. W przypadku trudności artykulacyjnych prowadzący oznacza różnicowane głoski symbolami w ustalonych kolorach.

Asia śpiewa radosną piosenkę.
Na pastwisku pasie się osioł.
W lesie stoi paśnik dla saren.
Kasia pije słodki sok wiśniowy.
Stary samochód ma głośny silnik.
Na osiedlu stoją słupy oświetleniowe.

6. Rozwijanie kompetencji fonologicznych: „Szyfrówka"

Uczeń otrzymuje tablicę z łamigłówką (załącznik nr 11). Prowadzący wyjaśnia, że zadanie polega na odszukaniu nazw obrazków ukrytych w treści zdań. Podaje nazwy rysunków i prosi ćwiczącego o ich powtórzenie. W trakcie wykonywania ćwiczenia prowadzący prosi dziecko o głośne i staranne czytanie kolejnych zdań umieszczonych w zadaniu.

Jaśmina narysowała stado gęsi.
Ktoś głośno stuka w stół.
Kasia ma słodkie naleśniki na deser.
W paśniku jest sterta suchego siana.
Jaś i Sonia sami siekają kapustę na surówkę.

7. Zabawa oddechowa: „Wiązka tasiemek"

Prowadzący podaje dziecku wiązkę kolorowych tasiemek. Wyjaśnia, że zabawa polega na dmuchaniu długim, skoncentrowanym strumieniem powietrza jak najdłużej na tasiemki, by wirowały. Przypomina o prawidłowym torze oddechowym.

8. Ćwiczenia artykulacyjne: „O czym myśli Sabina?"

Kierujący zabawą proponuje wspólną odpowiedź na pytanie: „o czym myśli Sabina?". Układa przed uczniem obrazki (załącznik nr 13), podaje ich nazwy i prosi o powtórzenie. Wyjaśnia dziecku, że tworzenie odpowiedzi polega na uzupełnianiu zdania „Sabina myśli o..." nazwami obrazków. Rozpoczyna zabawę, uzupełniając zdanie nazwą dowolnie wybranego obrazka. Następnie poleca dziecku powtórzenie zdania wraz z wymienionym artykułem i dodanie kolejnego hasła. Prowadzący kontynuuje wyliczanie, powtarzając wymienione wcześniej nazwy obrazków i wybierając kolejną. Zabawa trwa do momentu wyczerpania obrazków lub popełnienia błędu w kolejności ich wymieniania. Na zakończenie kierujący gratuluje dziecku osiągniętego wyniku. Podczas ćwiczenia prowadzący dba o poprawność artykulacyjną wymawianych przez ucznia haseł. W trakcie zabawy w wersji łatwiejszej obrazki po dokonaniu wyboru nie są zasłaniane. W wersji trudniejszej wybierając obrazek, odwracamy go ilustracją do dołu.

osioł, spodnie, sowa, ślimak, fasola, sanki, śliwki, sok, sól, miś, truskawki, wiśnie

9. Ćwiczenia artykulacyjne: „Szyfrówka"

Dziecko otrzymuje łamigłówkę z zaszyfrowanymi zdaniami (załącznik nr 12). Prowadzący wyjaśnia, że zadanie ucznia polega na ułożeniu zdań z wyrazów o takim samym kroju pisma i ich odczytaniu.

W lesie rosną wysokie świerki.
Siwy osiłek stoi w stajni.
Kasownik jest w autobusie.
Basia i Sonia śmieją się wesoło.

10. Podsumowanie zajęć

Kierujący zajęciami wkleja do zeszytu ćwiczeń obrazki i związane z nimi zdania (załącznik nr 10), rozwiązane łamigłówki (załączniki nr 11 i 12) oraz zestaw obrazków do budowania zdania (załącznik nr 13). Poleca uczniowi staranne utrwalanie prawidłowej artykulacji ćwiczonych zdań w domu. Zachęca do samodzielnego tworzenia prostych zdań z wyrazów zawierających głoski „s" i „ś". Dziękuje dziecku za pracę i nagradza je.

ZAŁĄCZNIK NR 10

Powtórz starannie związane z obrazkami zdania.

Asia śpiewa radosną piosenkę.
Na pastwisku pasie się osioł.
W lesie stoi paśnik dla saren.
Kasia pije słodki sok wiśniowy.
Stary samochód ma głośny silnik.
Na osiedlu stoją słupy oświetleniowe.

ZAŁĄCZNIK NR 11

SZYFRÓWKA. Starannie powtarzaj zdania umieszczone w łamigłówce. Odszukaj nazwy obrazków ukryte w treści zdań.

Jaśmina narysowała stado gęsi.

Ktoś głośno stuka w stół.

Kasia ma słodkie naleśniki na deser.

W paśniku jest sterta suchego siana.

Jaś i Sonia sami siekają kapustę na surówkę.

73

ZAŁĄCZNIK NR 12

SZYFRÓWKA. Ułóż zdania z wyrazów o takim samym kroju pisma. Powtarzaj je starannie.

W	*osiołek*	jest
i	**wesoło.**	wysokie
Kasownik	**Basia**	w
świerki.	Siwy	lesie
W	**się**	autobusie.
Sonia	rosną	stoi
stajni.		**śmieją**

Załącznik nr 13

SCENARIUSZ 4

Temat: Utrwalanie różnicowania artykulacji głosek „s" i „ś" w prostym tekście.

CELE ZAJĘĆ:
- wdrażanie do prawidłowego różnicowania artykulacji głosek „s" i „ś" w prostym tekście;
- rozwijanie zasobów językowych;
- usprawnianie funkcji narządów mowy – czynności oddychania, motoryki artykulatorów i fonacji;
- rozwijanie kompetencji fonologicznych.

METODY: słowna, pokazu, naśladownictwa, ćwiczeń praktycznych.

ŚRODKI DYDAKTYCZNE: tekst wiersza „Ptasie spory", zrytmizowany tekst wiersza „Ptasie spory", lustro, papierowe lub naturalne listki.

PRZEBIEG ZAJĘĆ

1. Powitanie

2. Sprawdzenie utrwalenia artykulacji w przekazanym do domu materiale językowym

3. Przedstawienie tematu zajęć

4. Ćwiczenia artykulacyjne: wierszyk „Ptasie spory"

Prowadzący zajęcia prosi dziecko o koncentrację uwagi i czyta tekst wiersza „Ptasie spory" (załącznik nr 14).

> ***Ptasie spory***
>
> *W lesie ptaki spory wiodą,*
> *który olśniewa urodą.*
>
> *Sroka chwali swój ogonek.*
> *Głosem chełpi się skowronek.*
>
> *Wnet dosiada się jaskółka,*
> *śpiewa o wspaniałych piórkach.*
>
> *Kto lubi, niech tego słucha.*
> *Dla mnie są to spory lekkoducha.*

Po przeczytaniu wiersza osoba prowadząca zajęcia pyta ucznia o zrozumienie tekstu. Wyjaśnia znaczenie nieznanych dziecku słów. Następnie ponownie czyta kolejne wersy tekstu i prosi ucznia o ich powtarzanie. W przypadku trudności artykulacyjnych prowadzący oznacza różnicowane głoski symbolami w ustalonych kolorach.

5. Rozwijanie kompetencji fonologicznych: „Sylabowy rytm"

Kierujący zajęciami demonstruje dziecku rytm wyklaskiwany w sekwencjach po dwa dźwięki. Prosi ucznia o powtórzenie. Potem czyta wierszyk „Ptasie spory" (załącznik nr 14), prosi o powtarzanie kolejnych wersów tekstu. Następnie wymawiając pierwszy wers, wyklaskuje jego rytm w sekwencjach po dwie sylaby. Zadanie dziecka polega na powtórzeniu w taki sposób zrytmizowanego tekstu (załącznik nr 15).

Ptasie spory

W le sie   pta ki   spo ry   wio dą,
któ ry   ol śnie   wa u   ro dą.

Sro ka   chwa li   swój o   go nek.
Gło sem   cheł pi   się sko   wro nek.

Wnet do   sia da   się jas   kół ka,
śpie wa   o wspa   nia łych   piór kach.

Kto lu   bi, niech   te go   słu cha.
Dla mnie   są to   spo ry   lek ko   du cha.

6. Ćwiczenia usprawniające pracę artykulatorów: „Jesienna słota"

Prowadzący umawia się z dzieckiem, że będzie włączało się do opowiadania we wskazanym momencie i w określony sposób. Ćwiczenia należy wykonać przed lustrem.

Jesienią pogoda płata figle. Patrzę przez okno na jesienny ogród. Właśnie pada deszcz (uderzanie czubkiem języka w podniebienie górne przy otwartych ustach) *i wieje chłodny wiatr* (wydychanie skoncentrowanego powietrza na otwartą dłoń). *Po szybach spływają strugi wody* (przesuwanie czubkiem języka po podniebieniu górnym). *Poruszane wiatrem gałązki drzew uderzają o siebie* (przesuwanie czubkiem języka pomiędzy rozsuniętymi kącikami ust). *Z drzew spadają mokre liście* (poruszanie czubkiem języka pomiędzy górnym i dolnym wałkiem dziąsłowym przy otwartych ustach), *pokryły już cały trawnik* (przesuwanie językiem po dolnym wałku dziąsłowym). *Rozglądam się wokoło, wypatrując słońca* (okrężny ruch językiem wokoło ust).

7. Ćwiczenia artykulacyjne: „Piosenka"

Osoba kierująca ćwiczeniami proponuje uczniowi zaśpiewanie tekstu wierszyka „Ptasie spory" (załącznik nr 14) na dowolną melodię przy zachowaniu prawidłowej artykulacji. Chwali każdą próbę podejmowaną przez dziecko.

8. Zabawa oddechowa: „Jesienne listki"

Uczeń otrzymuje kilka naturalnych lub papierowych listków. Kierujący zabawą przypomina o prawidłowym torze oddechowym. Proponuje, by dziecko układało kolejne listki na dłoni i długim, skoncentrowanym strumieniem powietrza dmuchało na nie tak, by spadały jak najdalej.

9. Ćwiczenia artykulacyjne: „Szybko – wolno"

Prowadzący poleca dziecku przeczytanie tekstu wiersza „Ptasie spory" (załącznik nr 14), tak by na przemian zwalniało i przyspieszało tempo artykulacji w każdym wersie.

10. Podsumowanie zajęć

Kierujący zajęciami wkleja do zeszytu ćwiczeń tekst wiersza (załącznik nr 14) oraz jego tekst z podziałem na sekwencje sylabowe (załącznik nr 15). Prosi o wykonanie w domu dodatkowych poleceń związanych z tekstem. Dziękuje dziecku za pracę i nagradza je.

ZAŁĄCZNIK NR 14

Powtarzaj starannie treść wiersza. Naucz się go na pamięć. Śpiewaj tekst na dowolną melodię. Czytaj wiersz, zmieniając tempo artykulacji w każdym wersie. Wykonaj ilustrację do treści wiersza.

Ptasie spory

W lesie ptaki spory wiodą,
który olśniewa urodą.

Sroka chwali swój ogonek.
Głosem chełpi się skowronek.

Wnet dosiada się jaskółka,
śpiewa o wspaniałych piórkach.

Kto lubi, niech tego słucha.
Dla mnie są to spory lekkoducha.

Załącznik nr 15

Powtarzaj starannie tekst, wyklaskując rytm zgodnie z podziałem na sekwencje po dwie sylaby.

Ptasie spory

W le sie   pta ki   spo ry   wio dą,
któ ry   ol śnie   wa u   ro dą.

Sro ka   chwa li   swój o   go nek.
Gło sem   cheł pi   się sko   wro nek.

Wnet do   sia da   się jas   kół ka,
śpie wa   o wspa   nia łych   piór kach.

Kto lu   bi, niech   te go   słu cha.
Dla mnie   są to   spo ry   lek ko   du cha.

SCENARIUSZ 5

Temat: Utrwalanie różnicowania artykulacji głosek „s" i „ś" w trudnych słowach i złożeniach wyrazowych.

Cele zajęć:
- wdrażanie do prawidłowego różnicowania artykulacji głosek „s" i „ś" w trudnych słowach i złożeniach wyrazowych;
- usprawnianie funkcji narządów mowy – czynności oddychania, motoryki artykulatorów i fonacji;
- utrwalanie prawidłowego toru oddechowego;
- rozwijanie kompetencji fonologicznych.

Metody: słowna, pokazu, naśladownictwa, ćwiczeń praktycznych.

Środki dydaktyczne: pasek papieru z rozmieszczonymi cyframi, ołówek, łamigłówka „Skojarzeniówka" i „Szyfrówka", lustro, zestaw obrazków, łamigłówka „Szyfrówka".

PRZEBIEG ZAJĘĆ

1. Powitanie

2. Sprawdzenie utrwalenia artykulacji w przekazanym do domu materiale językowym

3. Przedstawienie tematu zajęć

4. Zabawa oddechowa: „Papierowy rulonik"

Dziecko otrzymuje od prowadzącego długi pasek papieru z rozmieszczonymi na nim w regularnych odstępach cyframi od 1 do 10 oraz ołówek. Kierujący zabawą poleca nawinięcie paska papieru na ołówek. Następnie prosi o zsunięcie zwiniętego rulonika. Potem poleca uczniowi ułożyć na otwartej dłoni i przytrzymać palcem wskazującym drugiej ręki odwinięty koniec paska papieru. Prowadzący przypomina o prawidłowym torze oddechowym i prosi o kierowanie równomiernego, jednostajnego i długiego strumienia wydychanego powietrza tak, by rulon rozwinął się jak najbardziej. Przy każdej próbie dorosły sprawdza cyfrę widoczną na końcu rozwiniętego paska papieru.

5. Ćwiczenia artykulacyjne: „Skojarzeniówka"

Prowadzący zajęcia prezentuje dziecku tablicę z zadaniem (załącznik nr 16). Poleca połączenie sylab z obu kolumn tak, by powstały sensowne wyrazy. Następnie prosi o wymówienie utworzonych haseł i zapisanie w zeszycie ćwiczeń. Dba o poprawną artykulację wymawianych przez ucznia słów. W przypadku trudności artykulacyjnych prowadzący oznacza różnicowane głoski symbolami w ustalonych kolorach.

łosoś, świstak, psikus, sąsiad, świstek, siostra

6. Rozwijanie kompetencji fonologicznych: „Szyfrówka"

Dziecko otrzymuje łamigłówkę (załącznik nr 17). Kierujący ćwiczeniami wyjaśnia, że zadanie polega na przestawieniu sylab w diagramie tak, by utworzyć sensowne wyrazy. Następnie poleca uczniowi zapisanie utworzonych wyrazów i ich odczytanie. W przypadku trudności artykulacyjnych oznacza różnicowane głoski symbolami w ustalonych kolorach.

środowisko, sianokosy, pośmiewisko, strojnisia

7. Ćwiczenia usprawniające pracę artykulatorów: „Rysunek ślimaka"

Dziecko wraz z prowadzącym zajęcia siedzi przed lustrem. Kierujący zabawą tłumaczy, że wygimnastykowany język potrzebny jest do wyrazistej artykulacji. Zaprasza do zabawy, w której język wykona rysunek ślimaka. Prosi ucznia o powtarzanie demonstrowanych przez dorosłego ćwiczeń. Przy otwartej buzi dziecko rysuje kreskę – ciało ślimaka, przesuwając przednią część języka pomiędzy kącikami ust. Wysuniętym z ust językiem rysuje spiralę, czyli muszlę ślimaka. Unosi czubek języka do nosa, zaznaczając różki. Utrzymuje czubek języka przy dolnym wałku dziąsłowym i unosi grzbiet języka – chowa ślimaka do muszelki. Układa szeroki język na podniebieniu dolnym, wdycha i wydycha powietrze ustami, demonstrując wykonany rysunek.

8. Ćwiczenia artykulacyjne: „Nazywanie obrazków"

Dziecko otrzymuje tablicę z obrazkami (załącznik nr 18). Osoba kierująca zajęciami podaje związane z nimi złożenia wyrazowe. Przy każdym obrazku prosi o powtórzenie hasła przez ucznia. W drugiej serii prowadzący ponownie pokazuje kolejno obrazki, ale nie podaje wzorca słuchowego ich nazwy. Poleca dziecku odpowiedzieć na pytanie: co to jest?

słynny tenisista, niespokojny struś, stado świstaków, norweski łosoś, siostra Sławka

9. Rozwijanie kompetencji fonologicznych: „Szyfrówka"

Osoba prowadząca zajęcia proponuje dziecku odgadnięcie zaszyfrowanego hasła. Prezentuje „Szyfrówkę" (załącznik nr 19). Podaje nazwy obrazków, którym odpowiadają poszczególne litery, i prosi dziecko o staranne powtórzenie tych nazw. Następnie poleca uczniowi wpisanie właściwych liter oraz odczytanie utworzonego hasła. W razie potrzeby oznacza odpowiednio kolorem i symbolem głoski „s" i „ś" w odszyfrowanym złożeniu wyrazowym oraz wyjaśnia jego znaczenie.

śmigus-dyngus

10. Podsumowanie zajęć

Osoba prowadząca zajęcia wkleja do zeszytu ćwiczeń ucznia rozwiązane łamigłówki (załączniki nr 16, 17, 19) oraz zestaw obrazków (załącznik nr 18). Poleca dziecku utrwalenie prawidłowej artykulacji odgadniętych haseł oraz złożeń wyrazowych. Dziękuje uczniowi za pracę i nagradza go.

ZAŁĄCZNIK NR 16

SKOJARZENIÓWKA. Połącz sylaby z obu kolumn tak, by utworzyły sensowne wyrazy. Odczytaj utworzone hasła.

ŁO	SIAD
ŚWI	STRA
PSI	SOŚ
SĄ	STAK
ŚWI	KUS
SIO	STEK

łosoś, świstak, psikus, sąsiad, świstek, siostra

ZAŁĄCZNIK NR 17

SZYFRÓWKA. Przestaw sylaby w diagramie tak, by otrzymać sensowne wyrazy. Zapisz i powtórz starannie utworzone hasła.

WI	ŚRO	SKO	DO

SIA	KO	NO	SY

ŚMIE	WI	PO	SKO

NI	STROJ	SIA

ZAŁĄCZNIK NR 18

Powtórz starannie nazwy obrazków.

85

ZAŁĄCZNIK NR 19

SZYFRÓWKA. Wpisz odpowiednie litery do diagramu. Odczytaj starannie hasło. Wyjaśnij jego znaczenie.

M   I   D

N   U   G

S   Ś   Y

śmigus-dyngus

SCENARIUSZ 6

Temat: Utrwalanie różnicowania artykulacji głosek „s" i „ś" w zdaniach z trudnymi słowami.

CELE ZAJĘĆ:
- wdrażanie do prawidłowego różnicowania artykulacji głosek „s" i „ś" w zdaniach z trudnymi słowami;
- usprawnianie funkcji narządów mowy – czynności oddychania, motoryki artykulatorów i fonacji;
- utrwalanie prawidłowego toru oddechowego;
- rozwijanie kompetencji fonologicznych.

METODY: słowna, pokazu, naśladownictwa, ćwiczeń praktycznych.

ŚRODKI DYDAKTYCZNE: lustro, łamigłówka „Rebusy", zdania do uzupełniania, papierowy statek wykonany techniką origami, łamigłówka „Szyfrówka".

PRZEBIEG ZAJĘĆ

1. Powitanie

2. Sprawdzenie utrwalenia zadań domowych

3. Przedstawienie tematu zajęć

4. Ćwiczenia usprawniające pracę artykulatorów: „Senne misie"

Prowadzący zajęcia umawia się z dzieckiem, że będzie włączało się do opowiadania we wskazanym momencie i w określony sposób. Ćwiczenia należy wykonać przed lustrem.

Na polanie w starym lesie małe misie przygotowują się do zimowego snu. Są senne (ziewanie) *i poruszają się powolnie* (powolne przesuwanie przednią częścią języka po górnym i dolnym wałku dziąsłowym). *Swoje gawry wykładają suchym sianem* (przesuwanie języka po wewnętrznej powierzchni policzków). *Jedzą wiele smakołyków, by przetrwać okres zimy* (żucie z wyraźnymi ruchami żuchwy). *Wszystko bardzo im smakuje* (uderzanie środkową częścią języka o podniebienie górne), *oblizują się ze smakiem* (wykonanie okrężnego ruchu językiem wkoło ust). *W końcu chowają się w swoich legowiskach* (układanie czubka języka przy dolnym wałku dziąsłowym, unoszenie środkowej części języka do podniebienia górnego i płaskie układanie języka na dnie jamy ustnej) *i okrywają starannie sianem* (układanie górnej wargi na dolną i odwrotnie). *Potem słychać już tylko chrapanie* (naśladowanie chrapania) *i posapywanie* (wymawianie grupy spółgłoskowej „ps...").

5. Rozwijanie kompetencji fonologicznych: „Rebusy"

Dziecko otrzymuje łamigłówkę z zaszyfrowanymi zdaniami (załącznik nr 20). Prowadzący wyjaśnia, że zadanie ucznia polega na rozwiązaniu umieszczonych w tekście rebusów i odczytaniu zdań.

Na stosie są sosnowe deski.
Pies myśliwski schwytał gęś.
Sąsiad skosił suche rośliny.
W sierpniu na wsi są sianokosy.
Siostra Stasia rysuje strusia.

6. Ćwiczenia artykulacyjne: „Uzupełnianie zdań"

Prowadzący zajęcia prosi dziecko o uzupełnienie zdań czasownikami umieszczonymi w ramce (załącznik nr 21). Po zakończeniu zadania poleca uczniowi odczytanie utworzonych zdań. Dba o prawidłową artykulację wymawianych słów. W przypadku trudności artykulacyjnych prowadzący oznacza różnicowane głoski symbolami w ustalonych kolorach.

Na sośnie śpiewa słowik.
Staś spłatał psikusa Sławkowi.
Skusiłam się na łososia w sosie śmietanowym.
Ser skwaśniał i spleśniał w słoiku.
Wśród skał niósł się świst świstaków.
Skulony Sylwek stłamsił w sobie strach.

7. Rozwijanie kompetencji fonologicznych: „Język fantazji"

Osoba kierująca ćwiczeniami opowiada dziecku o możliwości tworzenia języka fantazji. Wyjaśnia, że polega to na dodawaniu w nagłosie do każdego wymawianego słowa sylaby „pa". Ponownie przedstawia uczniowi zdania do uzupełniania (załącznik nr 21). Prezentuje język fantazji, korzystając z wcześniej uzupełnionych przez dziecko zdań na przykład:

Pana pasośnie paśpiewa pasłowik.

Następnie prowadzący prosi dziecko o zamianę kolejnych zdań na język fantazji. Chwali każdą próbę.

Pastaś paspłatał papsikusa pasławkowi.
Paskusiłam pasię pana pałososia paw pasosie paśmietanowym.
Paser paskwaśniał pai paspleśniał paw pasłoiku.
Pawśród paskał paniósł pasię paświst paświstaków.
Paskulony pasylwek pastłamsił paw pasobie pastrach.

8. Zabawa oddechowa: „Statki"

Prowadzący ustawia przed dzieckiem papierowy statek wykonany techniką origami. Wyznacza port, do którego statek powinien dopłynąć. Przypomina o prawidłowym torze oddechowym i prosi ucznia o przemieszczenie statku w wyznaczonym kierunku za pomocą silnego strumienia wydychanego powietrza.

9. Ćwiczenia artykulacyjne: „Szyfrówka"

Uczeń otrzymuje tablicę z łamigłówką (załącznik nr 22). Kierujący ćwiczeniami czyta pytanie i poleca powtórzenie jego treści. Następnie wyjaśnia, że zadanie dziecka polega na odpowiednim przestawieniu sylab w diagramach tak, by utworzyć sensowny wyraz oraz sformułować za jego pomocą odpowiedź na pytanie.

Jakie schody sąsiad posypał piaskiem? (śliskie)
Kiedy są ostatnie sianokosy? (jesienią)
Kim jest siostra Jasia? (tenisistką)
Kto robi śląskie kluski? (gosposia)
W jakim sosie są kawałki ananasa? (słodko-kwaśnym)
Jaki jest ulubiony sport Stasia? (wioślarstwo)

10. Podsumowanie zajęć

Kierujący zajęciami wkleja do zeszytu ćwiczeń łamigłówkę „Rebusy" (załącznik nr 20), uzupełnione zdania (załącznik nr 21) oraz łamigłówkę „Szyfrówkę" (załącznik nr 22). Poleca uczniowi staranne utrwalanie prawidłowej artykulacji ćwiczonych zdań w domu. Dziękuje dziecku za pracę i nagradza je.

ZAŁĄCZNIK NR 20

REBUSY. Rozwiąż umieszczone w zdaniach rebusy. Odczytaj utworzone zdania i powtarzaj je starannie.

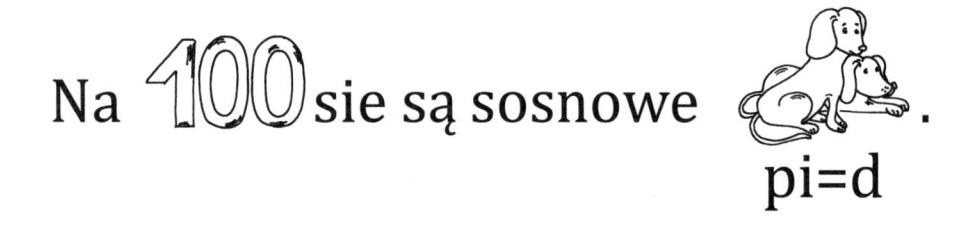

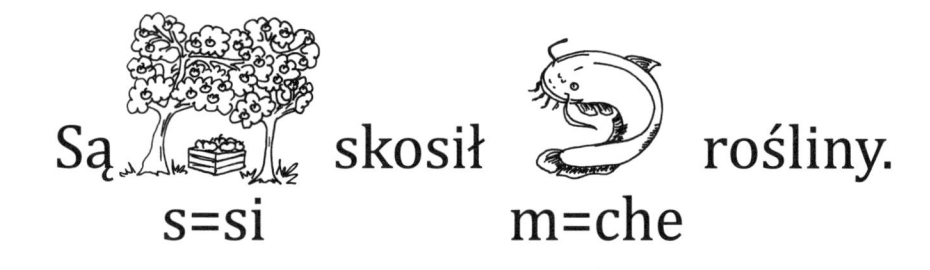

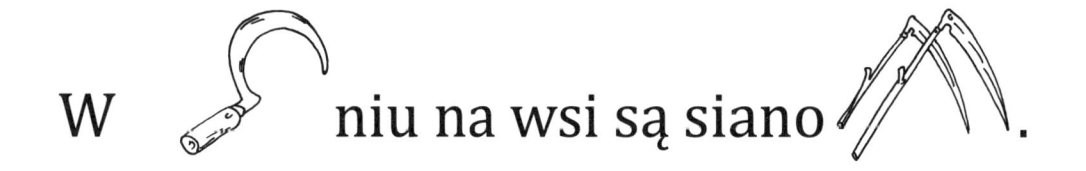

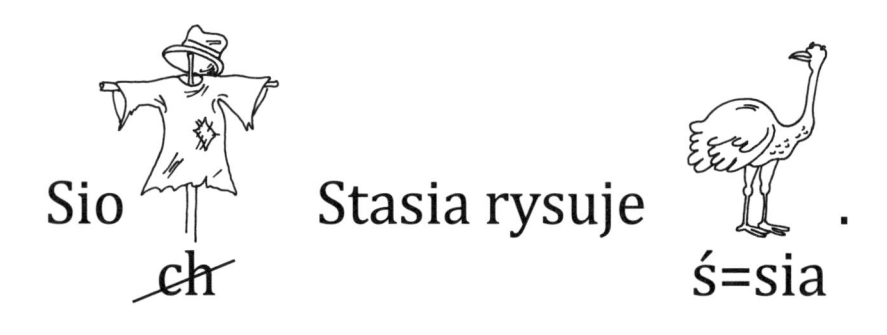

Na 100sie są sosnowe [pies].
pi=d

[owies] my [kaczka] schwytał gęś.
ow=p   ka=ski

Są [sad] skosił [sum] rośliny.
s=si   m=che

W [sierp]niu na wsi są siano [kosa].

Sio[ch] Stasia rysuje [struś].
ch   ś=sia

ZAŁĄCZNIK NR 21

Uzupełnij zdania czasownikami umieszczonymi w ramce. Starannie przeczytaj utworzone zdania.

śpiewa, spłatał, skusiłam się, skwaśniał, spleśniał, niósł się, stłamsił

Na sośnie .... słowik.

Staś .... psikusa Sławkowi.

.... na łososia w sosie śmietanowym.

Ser .... i .... w słoiku.

Wśród skał .... świst świstaków.

Skulony Sylwek .... w sobie strach.

Załącznik nr 22

SZYFRÓWKA. Przeczytaj starannie pytania. Przestaw sylaby w diagramach tak, by utworzyć sensowny wyraz, oraz za jego pomocą sformułuj odpowiedź na pytanie.

Jakie schody sąsiad posypał piaskiem?

SKIE	ŚLI

Kiedy są ostatnie sianokosy?

SIE	JE	NIĄ

Kim jest siostra Jasia?

NI	STKĄ	SI	TE

Kto robi śląskie kluski?

SIA	GOS	PO

W jakim sosie są kawałki ananasa?

ŚNYM	KWA	KO	SŁOD

Jaki jest ulubiony sport Stasia?

WIO	STWO	ŚLAR

SCENARIUSZ 7

Temat: Utrwalanie różnicowania artykulacji głosek „s" i „ś" w trudnym tekście.

CELE ZAJĘĆ:
- wdrażanie do prawidłowego różnicowania artykulacji głosek „s" i „ś" w trudnym tekście;
- rozwijanie zasobów językowych;
- usprawnianie funkcji narządów mowy – czynności oddychania, motoryki artykulatorów i fonacji.

METODY: słowna, pokazu, naśladownictwa, ćwiczeń praktycznych.

ŚRODKI DYDAKTYCZNE: tekst „Świstaki", lustro, łamigłówka „Wykreślanka", plastikowa butelka ze skrawkami papieru i słomka.

PRZEBIEG ZAJĘĆ

1. Powitanie

2. Sprawdzenie utrwalenia artykulacji w przekazanym do domu materiale językowym

3. Przedstawienie tematu zajęć

4. Ćwiczenia artykulacyjne: tekst „Świstaki"
Prowadzący zajęcia prosi dziecko o koncentrację uwagi i czyta tekst „Świstaki" (załącznik nr 23).

Świstaki

Świstaki są chronionymi ssakami. Ich naturalnym środowiskiem są masywy górskie. W sierpniu w wysokich Tatrach składają w norach suche siano. Wykładają nim swoje legowiska. To jest ich schronienie na okres snu. Do wiosny śpią tam w skupiskach schowane pod kołderką z siana. Kiedy słonko roztopi śnieg, łasują wśród stromych skał. Posilają się wiosennymi roślinami. Są to ich smakołyki. Te ssaki nawołują się w stadach głośnymi świstami. Wśród ostrych skał daleko niosą się ich niesamowite odgłosy.

Po przeczytaniu tekstu osoba prowadząca zajęcia pyta ucznia o zrozumienie treści. Wyjaśnia znaczenie nieznanych dziecku słów. Następnie ponownie czyta kolejne zdania i prosi ucznia o ich powtarzanie. W przypadku trudności artykulacyjnych prowadzący oznacza różnicowane głoski symbolami w ustalonych kolorach.

5. Ćwiczenia artykulacyjne: „Pytania"
Osoba kierująca ćwiczeniami ponownie czyta tekst „Świstaki" (załącznik nr 23). Po zakończeniu zadaje dziecku pytania z nim związane. Przypomina o konieczności budowania odpowiedzi za pomocą zdań prawidłowych pod względem gramatycznym i treściowym. Dba o poprawność wymawianych przez ucznia słów. Poleca dziecku liczenie słów, z których układa zdania.

6. Ćwiczenia usprawniające pracę artykulatorów: „Wstydliwy język"

Prowadzący umawia się z dzieckiem, że będzie włączało się do opowiadania we wskazanym momencie i w określony sposób. Ćwiczenia należy wykonać przed lustrem.

Język Stasia jest nieśmiały. Kurczy się (układanie czubka języka przy dolnym wałku dziąsłowym, unoszenie środkowej części języka do podniebienia górnego), *chowa w różnych zakamarkach* (kierowanie czubka języka w różne miejsca głęboko w jamie ustnej). *Skręca się z niepokoju, że ktoś go dostrzeże* (zwijanie języka w rurkę). *Czasem chowa się na piętrze* (układanie języka na górnym wałku dziąsłowym), *innym razem pozostaje na parterze* (układanie języka na dolnym wałku dziąsłowym). *Są jednak chwile, gdy czuje się pewniej. Wtedy rozgląda się nieśmiało* (poruszanie językiem pomiędzy rozsuniętymi kącikami ust), *ale z ciekawością* (kierowanie języka kolejno do nosa i brody). *Staszek uśmiechając się* (rozciąganie ust w uśmiechu), *zachęca go do większej aktywności.*

7. Ćwiczenia artykulacyjne: „Wykreślanka"

Osoba prowadząca zajęcia poleca uczniowi wykonanie zadania (załącznik nr 24). Polega ono na odszukaniu w diagramie wyrazów związanych z treścią tekstu „Świstaki" (załącznik nr 23). Prosi o odczytanie szukanych haseł. Po wykonaniu zadania dziecko odczytuje starannie otrzymane rozwiązanie, które opisuje jedno z charakterystycznych zachowań świstaków.

8. Ćwiczenia oddechowe: „Skrawki papieru"

Dziecko otrzymuje od prowadzącego słomkę oraz plastikową butelkę, wewnątrz której znajdują się skrawki papieru. Kierujący zabawą przypomina o prawidłowym torze oddechowym i prosi o delikatne, długie wydychanie powietrza przez słomkę do butelki, tak by skrawki papieru wirowały jak najdłużej. Podczas kolejnych prób prowadzący mierzy stoperem długość trwania wydechu ucznia.

9. Ćwiczenia artykulacyjne: „Popisy dykcyjne"

Kierujący ćwiczeniami wyjaśnia uczniowi termin „dykcja". Proponuje ćwiczenia dykcyjne z wykorzystaniem opowiadania „Świstaki" (załącznik nr 23). Zachęca do czytania tekstu szeptem z wyrazistą pracą artykulatorów. W kolejnej próbie proponuje powtórzenie treści bezgłośnie z przesadnymi ruchami artykulacyjnymi odpowiadającymi poszczególnym głoskom tworzącym słowa. Prowadzący nagradza każdą podejmowaną przez ucznia próbę. Na zakończenie proponuje rozwiązywanie przez dziecko zagadek. Wyjaśnia, że uczeń powinien odgadnąć słowo ze wskazanego fragmentu opowiadania wymawiane przez prowadzącego bez fonii. W tej zabawie uczestnicy powinni zamieniać się rolami.

10. Podsumowanie zajęć

Kierujący zajęciami wkleja do zeszytu ćwiczeń tekst „Świstaki" (załącznik nr 23) oraz rozwiązaną łamigłówkę (załącznik nr 24). Poleca wykonanie w domu dodatkowych poleceń związanych z tekstem. Dziękuje dziecku za pracę i nagradza je.

ZAŁĄCZNIK NR 23

Powtarzaj starannie tekst o zwyczajach świstaków. Następnie przeczytaj go samodzielnie. Zmieniaj tempo i natężenie artykulacji w kolejnych zdaniach.

Świstaki

Świstaki są chronionymi ssakami. Ich naturalnym środowiskiem są masywy górskie. W sierpniu w wysokich Tatrach składają w norach suche siano. Wykładają nim swoje legowiska. To jest ich schronienie na okres snu. Do wiosny śpią tam w skupiskach schowane pod kołderką z siana. Kiedy słonko roztopi śnieg, łasują wśród stromych skał. Posilają się wiosennymi roślinami. Są to ich smakołyki. Te ssaki nawołują się w stadach głośnymi świstami. Wśród ostrych skał daleko niosą się ich niesamowite odgłosy.

Załącznik nr 24

WYKREŚLANKA. Wykreśl podane wyrazy ukryte w diagramie poziomo, pionowo i ukośnie. Pozostałe litery czytane rzędami utworzą rozwiązanie, które opisuje jedno z charakterystycznych zachowań świstaków.

SKAŁY *ROŚLINY*

R	Ś	S	T	A	D	O
S	O	W	I	S	T	A
S	I	Ś	W	I	S	T
A	K	A	L	I	S	T
K	A	J	N	I	Ą	S
I	Ł	U	P	O	N	K
S	K	A	Ł	Y	A	Y

SSAKI *ŚWIST* *SIANO*

STADO

Świstaki stają słupka.

96

Głoski sz – ś

SCENARIUSZ 1

Temat: Ćwiczenia wstępne różnicowania artykulacji głosek „sz" i „ś" oraz ich utrwalanie w izolacji oraz sylabach.

CELE ZAJĘĆ:
- usprawnianie funkcji narządów mowy – czynności oddychania, motoryki artykulatorów i fonacji;
- przedstawienie zasad poprawnej artykulacji głosek „sz" i „ś";
- wdrażanie do prawidłowego różnicowania artykulacji głosek „sz" i „ś" w izolacji i sylabach.

METODY: słowna, pokazu, naśladownictwa, ćwiczeń praktycznych.

ŚRODKI DYDAKTYCZNE: lustro, zestaw ćwiczeń artykulacyjnych, tablica ze schematami i symbolami przedstawiająca układy narządów mowy, labirynt głoskowy, dwa pojemniki z wesołą i smutną miną, kilka małych klocków, zestaw par sylab, patyczek z linową huśtawką i papierową sylwetką dziewczynki, nagranie z prostą linią melodyczną, odtwarzacz.

PRZEBIEG ZAJĘĆ

1. Powitanie

2. Przedstawienie tematu zajęć

3. Ćwiczenia usprawniające motorykę artykulatorów

Prowadzący siedzi z uczniem przed lustrem i demonstruje kolejno ćwiczenia (załącznik nr 1). Prosi o ich staranne powtarzanie, dba o poprawność wykonywanych przez dziecko ćwiczeń:
- liczenie czubkiem języka górnych i dolnych zębów;
- uderzanie o podniebienie górne grzbietem szerokiego języka: „kląskanie";
- dotykanie naprzemienne przednią częścią języka górnego i dolnego wałka dziąsłowego: „język skacze jak piłka";
- przesuwanie czubkiem języka wzdłuż dolnego wałka dziąsłowego;
- utrzymywanie przedniej części języka przy dolnym wałku dziąsłowym i unoszenie środkowej do podniebienia górnego: „koci grzbiet";
- umieszczanie przedniej części języka przy dolnym wałku dziąsłowym i przesuwanie masy języka w głąb jamy ustnej;
- układanie języka w kształt łyżeczki;
- przyciskanie grzbietu języka do dziąseł i podniebienia górnego podczas opuszczania i unoszenia żuchwy;
- umieszczanie przedniej części języka przy dolnym wałku dziąsłowym i przesuwanie masy języka w głąb jamy ustnej;
- tworzenie dziobka z zaokrąglonych i wysuniętych do przodu warg z widocznymi wewnątrz zsuniętymi zębami;
- wciąganie i uwypuklanie policzków do wewnątrz i na zewnątrz jamy ustnej: „chucherko" i „bobasek".

4. Omówienie zasad poprawnej wymowy głosek „sz" i „ś"

Kierujący zajęciami prezentuje dziecku tablicę ze schematami i symbolami przedstawiającą układ narządów mowy podczas wymawiania głosek „sz" i „ś" (załącznik nr 2). Przypomina warunki prawidłowej artykulacji tych dźwięków.

Zwraca uwagę na zaokrąglone, lekko wysunięte do przodu wargi, język uniesiony do górnego wałka dziąsłowego i zbliżone do siebie zęby podczas wymowy głoski „sz". Następnie wymawia ją na długim wydechu. Prosi, by uczeń powtórzył ćwiczenie.

Prowadzący wyjaśnia, że przy artykulacji głoski „ś" usta są lekko uchylone i zaokrąglone. Przednia część języka skierowana jest do dolnego wałka dziąsłowego, a środkowa część unosi się do przedniej części podniebienia twardego. Dorosły wymawia głoskę „ś" na długim wydechu. Prosi, by uczeń powtórzył ćwiczenie.

Prowadzący informuje, że litery oznaczające głoskę „sz" w dalszych ćwiczeniach dodatkowo będą zaznaczane ustalonym symbolem w kolorze czerwonym. Z kolei literom oznaczającym głoskę „ś" zostanie przyporządkowany symbol w kolorze żółtym.

5. Ćwiczenia artykulacyjne: „Głoskowy labirynt"

Uczeń otrzymuje tablicę z zadaniem (załącznik nr 3). Prowadzący poleca odszukanie drogi do liter umieszczonych w labiryncie. Następnie prosi, by uczeń przesuwając palcem wskazującym po odszukanych szlakach, na długim wydechu wybrzmiewał odpowiednio głoski „sz" i „ś", dostosowując ich długość do ustalonej drogi.

6. Rozwijanie kompetencji fonologicznych: „Konkurs głosek"

Osoba kierująca zabawą ustawia przed dzieckiem kilka małych klocków oraz dwa pojemniki. Jeden jest oznaczony uśmiechem, a drugi smutną miną. Wyjaśnia uczniowi, że jego zadanie polega na ocenie wymawianych przez prowadzącego głosek. Jeśli głoska brzmi prawidłowo, dziecko wkłada klocek do pojemnika z uśmiechem, jeśli nieprawidłowo – do oznaczonego smutną miną. Prowadzący podczas wymawiania głosek przysłania usta dłonią. Stara się wymawiać głoski „sz" i „ś" w różny sposób. Po zakończeniu zabawy wraz z dzieckiem sprawdza, w którym pojemniku jest więcej klocków, i ustala, czy wszystkie próby były ocenione przez ucznia prawidłowo. Wyjaśnia ewentualne pomyłki.

7. Ćwiczenia artykulacyjne: „Sylaby"

Prowadzący wymawia starannie pary sylab (załącznik nr 4):

sza – sia , szo – sio, szu – siu, sze – sie, szy – si,
asza – asia, oszo – osio, uszu – usiu, esze – esie, yszy – ysi,
asz – aś, osz – oś, usz – uś, esz – eś, ysz – yś.

W trakcie ich wymawiania oznacza sylaby ustalonymi wcześniej symbolami i kolorami, by ułatwić dziecku różnicowanie dźwięków. Następnie prosi ucznia o powtarzanie par wskazanych sylab. Dba o poprawną artykulację.

8. Zabawa oddechowa: „Huśtawka Agnieszki"

Dziecko otrzymuje umieszczoną na patyczku linową huśtawkę z papierową postacią dziewczynki. Prowadzący przypomina o prawidłowym torze oddechowym, czyli krótkim wdechu powietrza nosem i długim wydechu ustami. Następnie wyjaśnia, że zadanie ucznia polega na huśtaniu Agnieszki za pomocą wydychanego powietrza. Poleca dziecku unieść huśtawkę na wysokość ust, a następnie dmuchnąć delikatnie skoncentrowanym strumieniem powietrza, tak by huśtawka odchyliła się od pionu. Czynność tę należy powtarzać kilkukrotnie.

9. Ćwiczenia artykulacyjne: „Sylabowa piosenka"

Kierujący zabawą odtwarza nagranie z prostą linią melodyczną. Proponuje śpiewanie przemienne wybranych sylab z głoską „sz" i „ś" zgodnie z odtwarzaną melodią. W kolejnych próbach zachęca dziecko do śpiewania par ćwiczonych sylab na dowolną znaną uczniowi melodię.

10. Podsumowanie zajęć

Osoba prowadząca zajęcia wkleja do zeszytu zestaw ćwiczeń usprawniających motorykę artykulatorów (załącznik nr 1), schemat przedstawiający układ narządów mowy podczas wymawiania głosek „sz" i „ś" (załącznik nr 2), tablicę z labiryntem głoskowym (załącznik nr 3), zestaw par sylab (załącznik nr 4), których artykulację należy utrwalać w domu. Dziękuje uczniowi za pracę i nagradza go.

Załącznik nr 1

Wykonuj starannie ćwiczenia, kontrolując ich poprawność w lustrze.

- liczenie czubkiem języka górnych i dolnych zębów;
- uderzanie o podniebienie górne grzbietem szerokiego języka: „kląskanie";
- dotykanie naprzemienne przednią częścią języka górnego i dolnego wałka dziąsłowego: „język skacze jak piłka";
- przesuwanie czubkiem języka wzdłuż dolnego wałka dziąsłowego;
- utrzymywanie przedniej części języka przy dolnym wałku dziąsłowym i unoszenie środkowej do podniebienia górnego: „koci grzbiet";
- umieszczanie przedniej części języka przy dolnym wałku dziąsłowym i przesuwanie masy języka w głąb jamy ustnej;
- układanie języka w kształt łyżeczki;
- przyciskanie grzbietu języka do dziąseł i podniebienia górnego podczas opuszczania i unoszenia żuchwy;
- umieszczanie przedniej części języka przy dolnym wałku dziąsłowym i przesuwanie masy języka w głąb jamy ustnej;
- tworzenie dziobka z zaokrąglonych i wysuniętych do przodu warg z widocznymi wewnątrz zsuniętymi zębami;
- wciąganie i uwypuklanie policzków do wewnątrz i na zewnątrz jamy ustnej: „chucherko" i „bobasek".

Załącznik nr 2

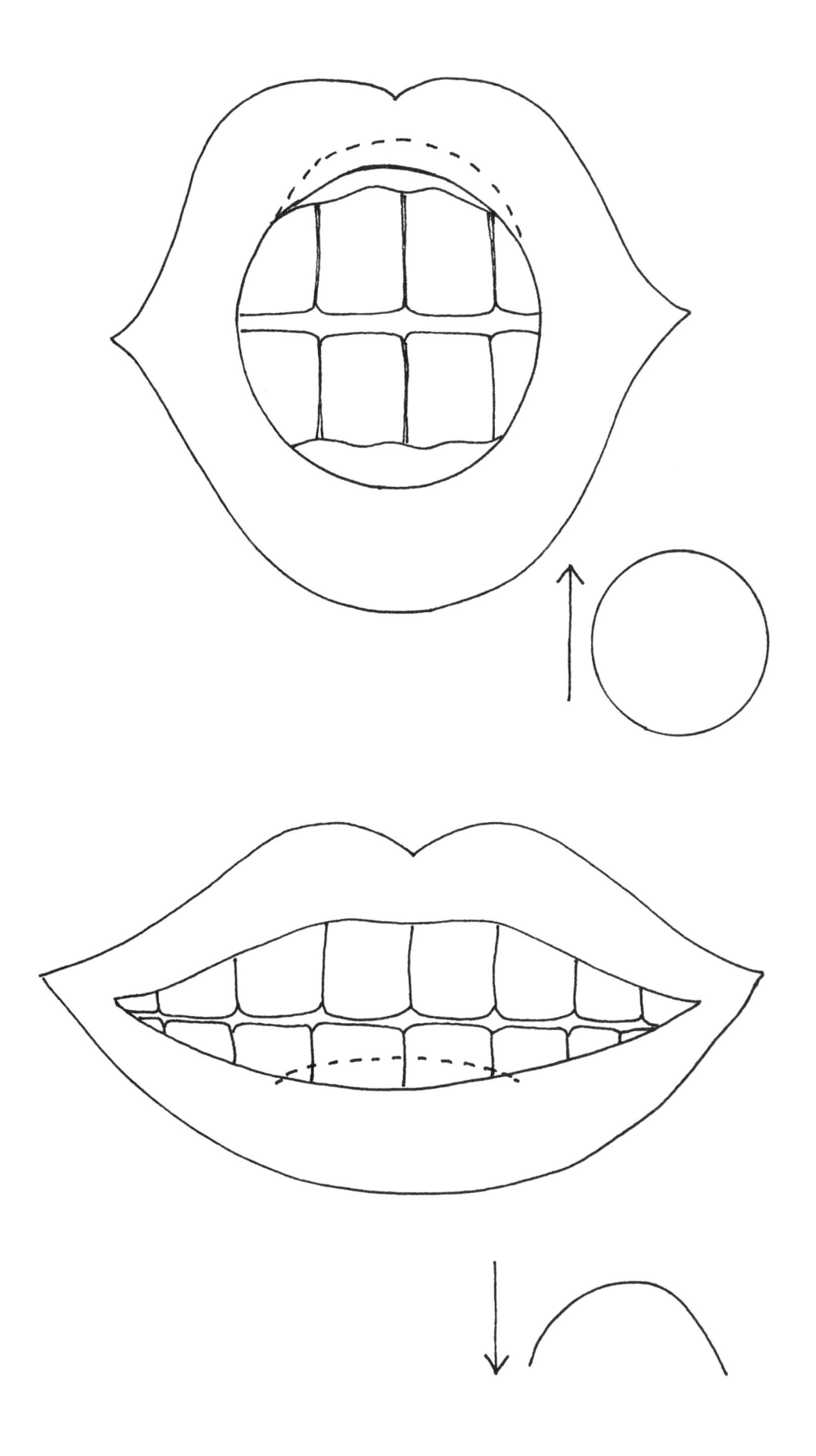

ZAŁĄCZNIK NR 3

Przesuwając palcem wskazującym po wyznaczonych szlakach zgodnie z kierunkiem strzałek, na długim wydechu wybrzmiewaj odpowiednio głoski „sz" i „ś". Dostosuj ich długość do ustalonej drogi.

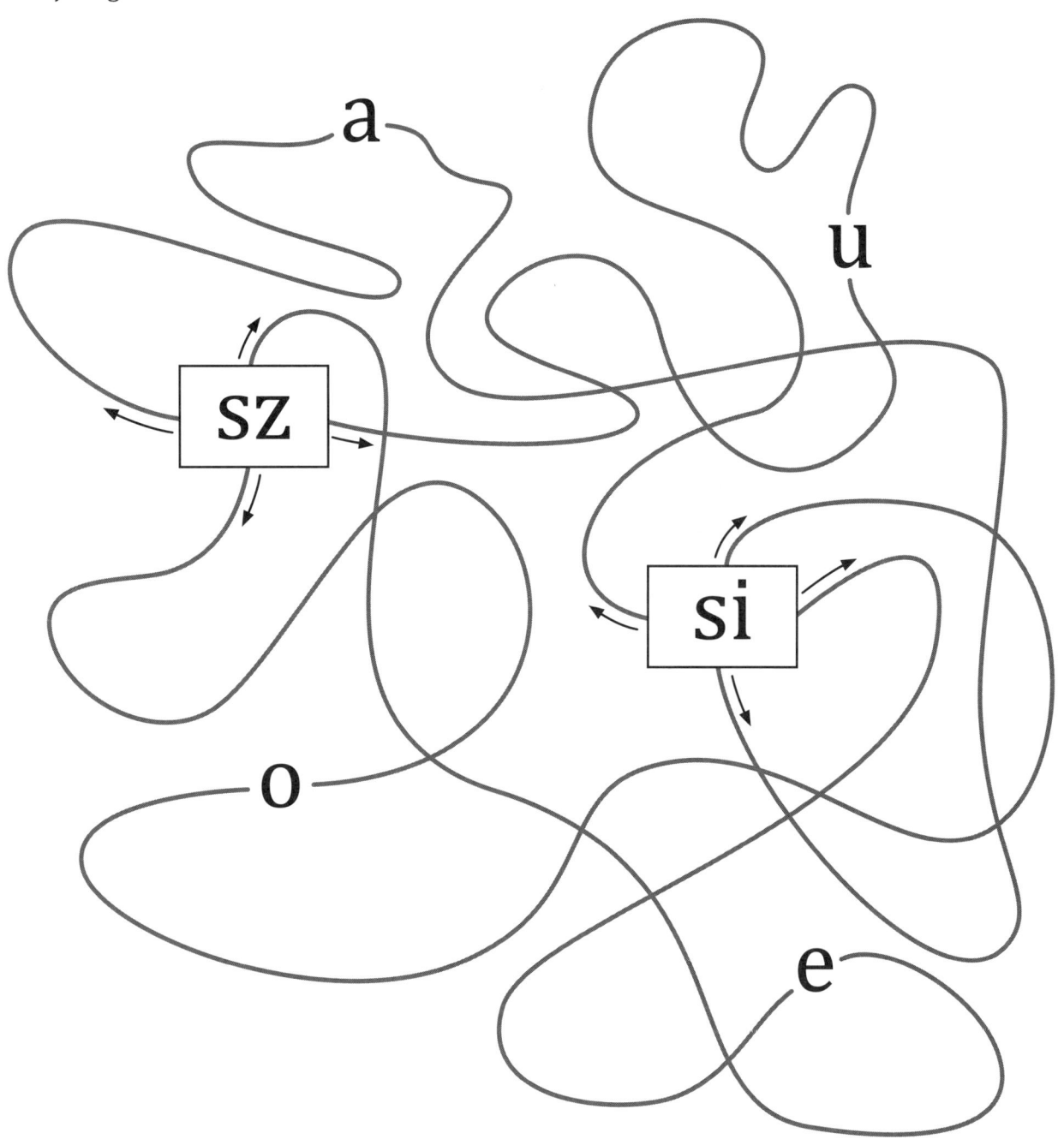

ZAŁĄCZNIK NR 4

Powtarzaj starannie sylaby parami.

sza – sia , szo – sio, szu – siu, sze – sie, szy – si,
asza – asia, oszo – osio, uszu – usiu, esze – esie, yszy – ysi,
asz – aś, osz – oś, usz – uś, esz – eś, ysz – yś.

SCENARIUSZ 2

Temat: Utrwalanie różnicowania artykulacji głosek „sz" i „ś" w paronimach i złożeniach wyrazowych.

CELE ZAJĘĆ:
- wdrażanie do prawidłowego różnicowania artykulacji głosek „sz" i „ś" w paronimach i złożeniach wyrazowych;
- usprawnianie funkcji narządów mowy – czynności oddychania, motoryki artykulatorów i fonacji;
- utrwalanie prawidłowego toru oddechowego;
- rozwijanie kompetencji fonologicznych.

METODY: słowna, pokazu, naśladownictwa, ćwiczeń praktycznych.

ŚRODKI DYDAKTYCZNE: lustro, pary paronimów, pasek papieru, ołówek, obrazek przedstawiający muchę, łamigłówka „Wizytówki", zestaw obrazków, łamigłówka „Szyfrówka".

PRZEBIEG ZAJĘĆ

1. Powitanie

2. Sprawdzenie utrwalenia artykulacji w przekazanym do domu materiale językowym

3. Przedstawienie tematu zajęć

4. Ćwiczenia usprawniające pracę artykulatorów: „Koszyk śliwek"

Prowadzący zajęcia umawia się z dzieckiem, że będzie włączało się do opowiadania we wskazanym momencie i w określony sposób. Ćwiczenia należy wykonać przed lustrem.

Szymon i Basia wybrali się do ogrodu, by zerwać śliwki na kompot i ciasto. Szli szybko i rytmicznie (rytmiczne poruszanie czubkiem języka pomiędzy górnym i dolnym wałkiem dziąsłowym przy otwartych ustach). *Po dotarciu na miejsce rozejrzeli się po drzewach w poszukiwaniu dojrzałych owoców* (kierowanie języka kolejno w kierunku nosa, brody i kącików ust). *Śliwek było bardzo dużo. Zadowoleni* (rozciągnięcie ust w uśmiechu) *ochoczo zabrali się za ich zrywanie* (naprzemienne dotykanie czubkiem języka górnych zębów i dolnego wałka dziąsłowego przy otwartych ustach). *Dzieci szybko napełniły koszyk śliwkami. Kilka zjadły, by ocenić ich smak* (utrzymywanie przedniej części języka przy dolnym wałku dziąsłowym i uderzanie środkową częścią języka o podniebienie górne). *Szybko zaniosły zbiór do domu* (wdychanie i wydychanie powietrza przez usta z językiem ułożonym płasko na dnie jamy ustnej). *Mama przygotowała z nich śliwkowy kompot i kruchy placek. Szymon i Basia napili się pysznego napoju, korzystając ze słomek* (zwijanie boków języka w kształt rurki i wciąganie przez nią powietrza) *i zjedli pyszny placek* (układanie języka w kształt łyżeczki i unoszenie do górnego wałka dziąsłowego). *Całusami podziękowali mamie za deser* (cmokanie zaokrąglonymi wargami).

5. Ćwiczenia artykulacyjne: „Paronimy"

Prowadzący wymawia starannie pary wyrażeń (załącznik nr 5):

ta Kasia – ta kasza *małe prosię – małe proszę* *po nosie – po nosze*
to wieś – to wiesz *to Wiesia – to wiesza* *taki siew – taki szew*

W trakcie ich wymawiania oznacza litery „sz", „ś(si)" ustalonymi wcześniej symbolami i kolorami, by ułatwić dziecku różnicowanie dźwięków. Zwraca uwagę na różnice w znaczeniu haseł. Następnie prosi ucznia o powtarzanie zwrotów parami. Dba o poprawną artykulację.

6. Zabawa oddechowa: „Sio, muszko!"

Prowadzący zabawę poleca uczniowi spiralne nawinięcie wąskiego paska papieru na ołówek, tak by powstała sprężynka. Następnie zsuwa sprężynkę i nakleja na jednym z jej końców mały obrazek z muchą. Prosi dziecko o trzymanie sprężynki na wysokości ust. Przypomina o prawidłowym torze oddechowym. Wyjaśnia, że zadanie polega na dmuchaniu na muszkę skoncentrowanym, ciągłym strumieniem powietrza, tak by jak najdłużej pozostała odchylona od pionu.

7. Rozwijanie kompetencji fonologicznych: „Wizytówki"

Prowadzący poleca dziecku wykonanie zadania (załącznik nr 6), polegającego na przestawieniu sylab w hasłach w taki sposób, by utworzyć imiona. Następnie prosi o ich wpisanie na odpowiednich wizytówkach. Poleca staranne odczytanie imion i nazwisk. Dba o poprawność artykulacyjną wymawianych przez ucznia słów. W przypadku trudności artykulacyjnych oznacza litery „sz", „ś(si)" ustalonymi wcześniej symbolami i kolorami, by ułatwić dziecku różnicowanie dźwięków w wymawianych hasłach.

Jaśmina Oszałek, Tadeusz Śmigły, Agnieszka Poświata, Miłosz Sielanka

8. Ćwiczenia artykulacyjne: „Nazywanie obrazków"

Osoba kierująca zajęciami prezentuje dziecku tablicę z obrazkami (załącznik nr 7) i podaje ich nazwy. Przy każdym obrazku prosi o powtórzenie hasła przez ucznia. W drugiej serii prowadzący ponownie pokazuje kolejno obrazki, ale nie podaje wzorca słuchowego ich nazw. Poleca dziecku odpowiedzieć na pytanie: co to jest?

*muszla ślimaka, osiem gruszek, łyżka śmietany, jesienna szaruga,
koszyk śliwek, świerkowa szyszka*

9. Ćwiczenia artykulacyjne: „Szyfrówka"

Kierujący zabawą prezentuje uczniowi tablicę z zadaniem (załącznik nr 8). Poleca, by połączył sylaby umieszczone w takich samych figurach geometrycznych, tak by utworzyć sensowne zwroty. Po wykonaniu zadania prosi ucznia o wymówienie utworzonych złożeń wyrazowych i wpisanie do odpowiednich diagramów. Prowadzący dba o poprawność artykulacyjną wymawianych przez dziecko haseł.

plu-szo-we mi-sie, le-śne szla-ki, py-szny po-si-łek, gło-śny ka-szel

10. Podsumowanie zajęć

Prowadzący zajęcia wkleja do zeszytu zestaw wyrażeń (załącznik nr 5), łamigłówkę „Wizytówki" (załącznik nr 6), zestaw obrazków (załącznik nr 7) i łamigłówkę „Szyfrówkę" (załącznik nr 8). Poleca uczniowi staranne utrwalanie artykulacji nazw obrazków i haseł z wykonanych zadań w domu. Dziękuje dziecku za pracę i nagradza je.

Załącznik nr 5

Powtarzaj starannie wyrażenia parami.

ta Kasia – ta kasza	małe prosię – małe proszę	po nosie – po nosze
to wieś – to wiesz	to Wiesia – to wiesza	taki siew – taki szew

ZAŁĄCZNIK NR 6

WIZYTÓWKI. Przestawiając sylaby w hasłach, które znajdują się wokół wizytówek, utwórz imiona. Następnie wpisz imiona na odpowiednich wizytówkach. Starannie odczytaj utworzone hasła.

OSZAŁEK

gnieAszka

ŁOSZMI

Śmigły

Poświata

NAŚMIJA

deuszT'a

SIELANKA

Jaśmina Oszałek, Tadeusz Śmigły, Agnieszka Poświata, Miłosz Sielanka

ZAŁĄCZNIK NR 7

Powtórz starannie nazwy obrazków.

107

ZAŁĄCZNIK NR 8

SZYFRÓWKA. Połącz sylaby umieszczone w takich samych figurach geometrycznych, tak by utworzyć hasła. Zapisz je w odpowiednich diagramach. Starannie odczytaj utworzone hasła.

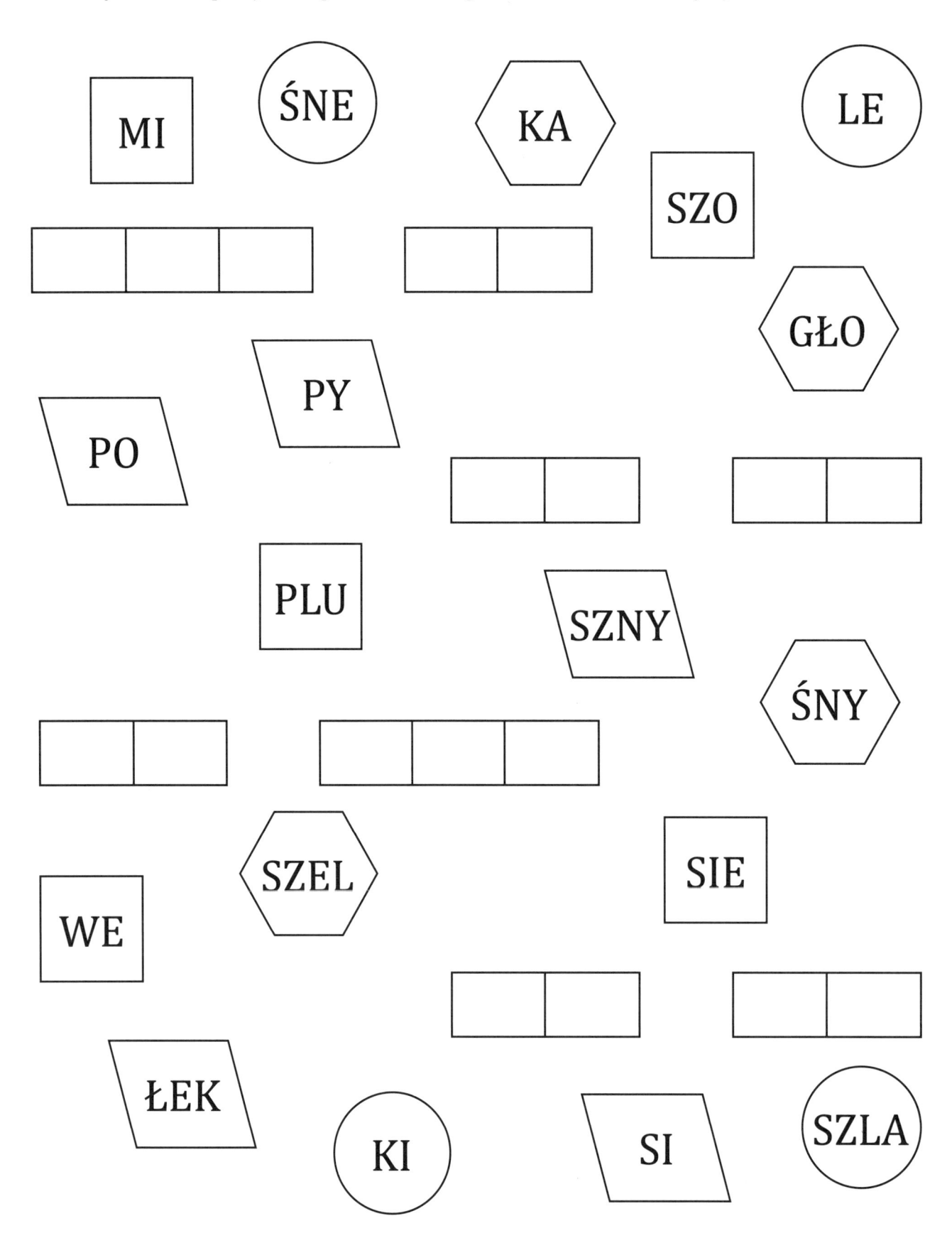

pluszowe misie, leśne szlaki, pyszny posiłek, głośny kaszel

SCENARIUSZ 3

Temat: Utrwalanie różnicowania artykulacji głosek „sz" i „ś" w zdaniach.

CELE ZAJĘĆ:
- wdrażanie do prawidłowego różnicowania artykulacji głosek „sz" i „ś" w zdaniach;
- usprawnianie funkcji narządów mowy – czynności oddychania, motoryki artykulatorów i fonacji;
- utrwalanie prawidłowego toru oddechowego;
- rozwijanie kompetencji fonologicznych.

METODY: słowna, pokazu, naśladownictwa, ćwiczeń praktycznych.

ŚRODKI DYDAKTYCZNE: lustro, tablica z obrazkami i zdaniami, zestaw obrazków do tworzenia zdania, kawałek papieru gazetowego, zestaw zdań, zdania z podziałem na sekwencje sylabowe, łamigłówka „Szyfrówka".

PRZEBIEG ZAJĘĆ

1. Powitanie

2. Sprawdzenie utrwalenia artykulacji w przekazanym do domu materiale językowym

3. Przedstawienie tematu zajęć

4. Ćwiczenia usprawniające pracę artykulatorów: „Sikorka"

Prowadzący umawia się z dzieckiem, że będzie włączało się do opowiadania we wskazanym momencie i w określony sposób. Ćwiczenia należy wykonać przed lustrem.

Janusz był chory i nudził się okropnie (ziewanie z luźnym opuszczeniem żuchwy). *Przez szybę w oknie patrzył na wysoki świerk, który rośnie pod jego domem. Zauważył na nim małą sikorkę. Skakała po gałęziach drzewa* (przemienne dotykanie czubkiem języka zębów w dolnym i górnym łuku zębowym). *Zatrzymała się prawie na jego szczycie* (unoszenie języka w kierunku nosa) *i rozejrzała się ciekawie* (kierowanie języka w stronę prawego, a następnie lewego kącika ust). *Nieśmiało zaczęła świergotać* (gwizdanie z czubkiem języka przy dolnym wałku dziąsłowym). *Potem zabrała się za czyszczenie piór dziobkiem. Odchylała je i potrząsała, szukając najbardziej zabrudzonych* (dotykanie czubkiem języka różnych miejsc wewnątrz jamy ustnej). *Po chwili znudzona skuliła się i zastygła w bezruchu* (uniesienie środkowej części języka do podniebienia górnego z równoczesnym przytrzymaniem czubka języka na dolnym wałku dziąsłowym). *Janusz zmęczył się obserwacją, ułożył się wygodnie w łóżku* (płaskie ułożenie języka na dnie jamy ustnej) *i zasnął.*

5. Ćwiczenia artykulacyjne: „Nazywanie obrazków"

Kierujący ćwiczeniami prezentuje dziecku obrazki (załącznik nr 9). Podaje związane z nimi zdania, prosi o powtórzenie i zapamiętanie ich treści. W drugiej serii prowadzący ponownie pokazuje obrazki, ale nie podaje wzorca słuchowego zdań. Poleca dziecku odtworzenie zapamiętanych zdań. Dba o poprawność artykulacyjną jego wypowiedzi. W przypadku trudności artykulacyjnych prowadzący oznacza różnicowane głoski symbolami w ustalonych kolorach.

Tomasz trzyma siekierę.
Na wieszaku wisi apaszka.
Ślimak posila się pyszną gruszką.
Jaśmina przytula pluszowego misia.

6. Ćwiczenia artykulacyjne: „O czym śni Janusz?"

Kierujący zabawą proponuje wspólną odpowiedź na pytanie: „o czym śni Janusz?". Układa przed uczniem obrazki (załącznik nr 10), podaje ich nazwy i prosi o powtórzenie. Wyjaśnia dziecku, że tworzenie odpowiedzi polega na uzupełnianiu zdania: „Janusz śni o..." nazwami obrazków. Prowadzący rozpoczyna zabawę, uzupełniając zdanie nazwą dowolnie wybranego obrazka. Następnie poleca dziecku powtórzenie zdania wraz z podaną nazwą i dodanie kolejnego hasła. Prowadzący kontynuuje wyliczanie, powtarzając wymienione wcześniej nazwy obrazków i uzupełniając kolejną. Zabawa trwa do momentu wyczerpania obrazków lub popełnienia błędu w kolejności ich wymieniania. Na zakończenie dorosły gratuluje dziecku osiągniętego wyniku. Podczas ćwiczenia prowadzący dba o poprawność artykulacyjną wymawianych przez ucznia haseł. W trakcie zabawy w wersji łatwiejszej obrazki po dokonaniu wyboru nie są zasłaniane. W wersji trudniejszej wybierając obrazek, odwracamy go ilustracją do dołu.

szachy, wiśnie, kasztany, śliwki, gruszki, miś, szop, siodło, szeryf, kapelusz, ślimak, koszyk

7. Zabawa oddechowa: „Okruszki dla sikorki"

Prowadzący daje uczniowi kawałek papieru gazetowego. Poleca, by dziecko rozdarło gazetę na kilka części i ugniotło z nich małe okruszki. Następnie uczeń układa okruszki na otwartej dłoni i unosi ją na wysokość ust w pewnej odległości. Kierujący zajęciami przypomina o prawidłowym torze oddechowym. Następnie poleca zdmuchnięcie z dłoni jak największej ilości okruszków. W kolejnych próbach poleca odsuwanie dłoni jak najdalej od ust.

8. Rozwijanie kompetencji fonologicznych: „Sylabowy rytm"

Kierujący zajęciami demonstruje dziecku rytm wyklaskiwany w sekwencjach po dwa dźwięki. Prosi ucznia o powtórzenie. Potem czyta zdania (załącznik nr 11) i poleca ich powtarzanie. Ponownie wymawiając ich treść, wyklaskuje rytm w sekwencjach po dwie sylaby. Zadanie dziecka polega na odtworzeniu w taki sposób zrytmizowanego tekstu (załącznik nr 12). Podczas wykonywania zadania prowadzący dba o poprawność artykulacyjną wypowiedzi ucznia.

Obok szkoły rośnie krzak jaśminu.
W lesie głośno wyje szakal.
Trzymam świerkową szyszkę w kieszeni.
Ukąsił mnie wąż na leśnym szlaku.

O bok szko ły ro śnie krzak jaś mi nu.
W le sie gło śno wy je sza kal.
Trzy mam świer ko wą szy szkę w kie sze ni.
U ką sił mnie wąż na leś nym szla ku.

9. Ćwiczenia artykulacyjne: „Szyfrówka"

Uczeń otrzymuje łamigłówkę (załącznik nr 13). Prowadzący wyjaśnia, że zadanie polega na połączeniu kostek domina w taki sposób, by jednakowe obrazki znajdowały się obok siebie. Następnie poleca wpisanie do diagramu sylab, które znajdują się w kolejno odszukiwanych kostkach domina, i staranne odczytanie utworzonego zdania.

Basia przygotowała wyśmienitą szarlotkę.

10. Podsumowanie zajęć

Kierujący zajęciami wkleja do zeszytu ćwiczeń wszystkie załączniki (nr 9, 10, 11, 12, 13). Poleca uczniowi staranne utrwalanie prawidłowej artykulacji zdań w domu. Zachęca do samodzielnego tworzenia zdań z wyrazów zawierających głoski „sz" i „ś". Dziękuje dziecku za pracę i nagradza je.

ZAŁĄCZNIK NR 9

Powtórz starannie związane z obrazkami zdania.

Tomasz trzyma siekierę.
Na wieszaku wisi apaszka.
Ślimak posila się pyszną gruszką.
Jaśmina przytula pluszowego misia.

ZAŁĄCZNIK NR 10

ZAŁĄCZNIK NR 11

Powtarzaj starannie zdania.

Obok szkoły rośnie krzak jaśminu.
W lesie głośno wyje szakal.
Trzymam świerkową szyszkę w kieszeni.
Ukąsił mnie wąż na leśnym szlaku.

ZAŁĄCZNIK NR 12

Powtarzaj starannie zdania, wyklaskując rytm zgodnie z podziałem na sekwencje po dwie sylaby.

O bok   szko ły   ro śnie   krzak jaś   mi nu.
W le sie   gło śno   wy je   sza kal.
Trzy mam   świer ko   wą szy   szkę w kie   sze ni.
U ką   sił mnie   wąż na   leś nym   szla ku.

ZAŁĄCZNIK NR 13

SZYFRÓWKA. Połącz kostki domina w taki sposób, by jednakowe symbole znajdowały się obok siebie. Wpisz do diagramu sylaby, które znajdują się w kolejnych odszukiwanych kostkach domina. Starannie przeczytaj utworzone zdanie.

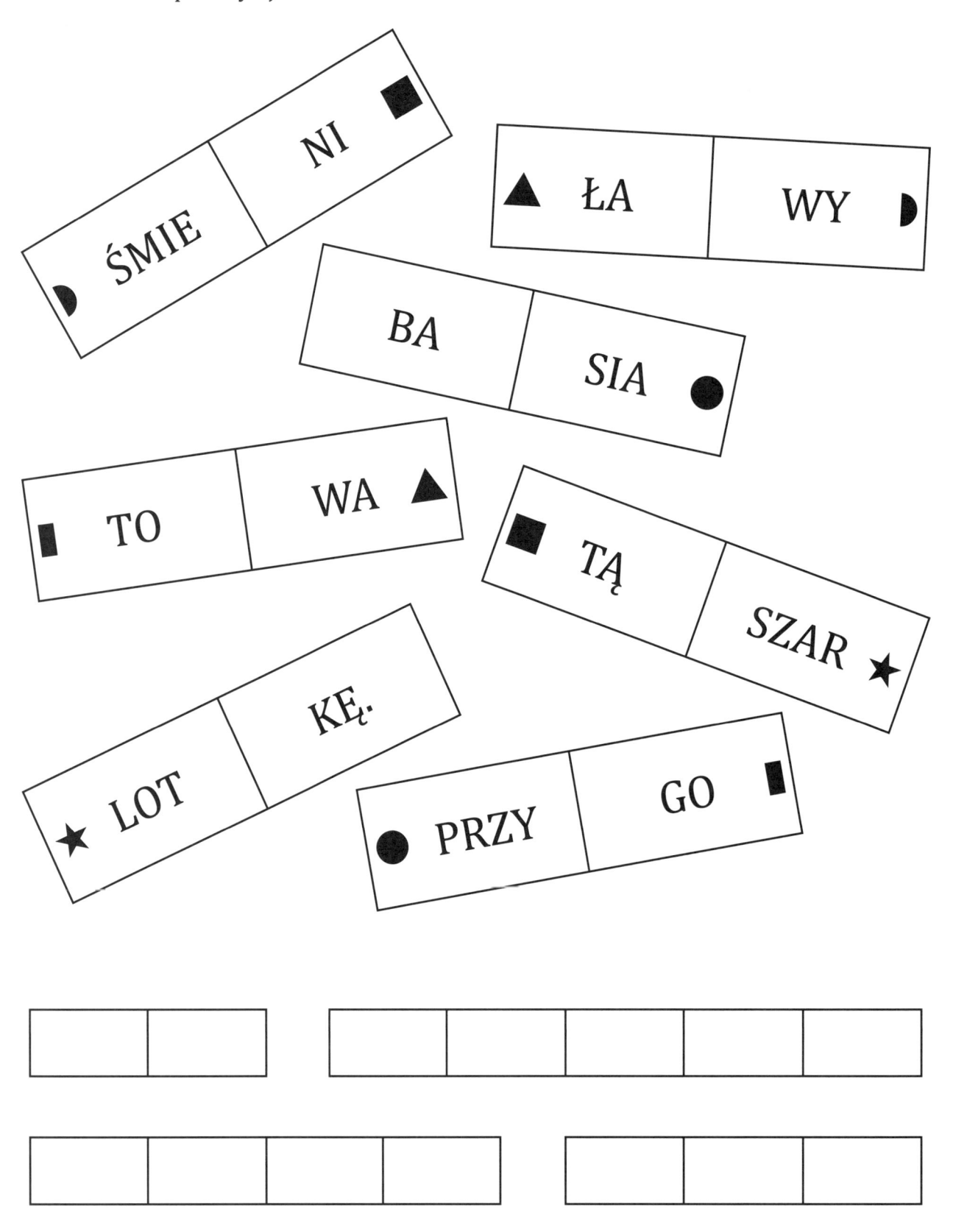

Basia przygotowała wyśmienitą szarlotkę.

116

SCENARIUSZ 4

Temat: Utrwalanie różnicowania artykulacji głosek „sz" i „ś" w prostym tekście.

Cele zajęć:
- wdrażanie do prawidłowego różnicowania artykulacji głosek „sz" i „ś" w prostym tekście;
- rozwijanie zasobów językowych;
- usprawnianie funkcji narządów mowy – czynności oddychania, motoryki artykulatorów i fonacji;
- rozwijanie kompetencji fonologicznych.

Metody: słowna, pokazu, naśladownictwa, ćwiczeń praktycznych.

Środki dydaktyczne: tekst wiersza „W lesie", lustro, mały arkusz białego papieru.

PRZEBIEG ZAJĘĆ

1. Powitanie

2. Sprawdzenie utrwalenia artykulacji w przekazanym do domu materiale językowym

3. Przedstawienie tematu zajęć

4. Ćwiczenia artykulacyjne: wierszyk „W lesie"

Prowadzący zajęcia prosi dziecko o koncentrację uwagi i czyta tekst wiersza „W lesie" (załącznik nr 14).

W lesie

Śniegu tu w lesie po uszy
i nadal jak szalony prószy.
Świerki już mają puchowe szale,
na krzakach lśnią szronu korale.
Tylko wiatr szuka wśród chmurek
resztek śniegowych piórek.

Po przeczytaniu wiersza osoba prowadząca zajęcia pyta ucznia o zrozumienie tekstu. Wyjaśnia znaczenie nieznanych dziecku słów. Następnie ponownie czyta kolejno wersy tekstu i prosi ucznia o ich powtarzanie. W przypadku trudności artykulacyjnych prowadzący oznacza różnicowane głoski symbolami w ustalonych kolorach.

5. Ćwiczenia artykulacyjne: „Piosenka"

Osoba kierująca ćwiczeniami proponuje uczniowi zaśpiewanie tekstu wierszyka „W lesie" (załącznik nr 14) na dowolną melodię przy zachowaniu prawidłowej artykulacji. Chwali każdą próbę podejmowaną przez dziecko.

6. Ćwiczenia usprawniające pracę artykulatorów: „Igraszki w śniegu"

Prowadzący umawia się z dzieckiem, że będzie włączało się do opowiadania we wskazanym momencie i w określony sposób. Ćwiczenia należy wykonać przed lustrem.

Jaś i Mateusz chętnie bawią się razem. Teraz spadł puszysty śnieg, więc urządzili bitwę na śnieżki. Najpierw ugniatają kule (układanie warg w dziobek i ich zaciskanie), *potem rzucają nimi w siebie* (kierowanie czubka języka w różne miejsca wewnętrznej powierzchni policzków). *Chłopcy chętnie zjeżdżają na sankach z pobliskiej górki* (przesuwanie czubkiem języka po podniebieniu górnym w kierunku górnego, a następnie dolnego wałka dziąsłowego). *Gdy zmarzną, wesoło podskakują* (poruszanie czubkiem języka pomiędzy górnym i dolnym wałkiem dziąsłowym przy otwartych ustach) *i ogrzewają dłonie* (chuchanie z wyraźnie zaokrąglonymi ustami). *Czasem biegają w koło, zostawiając ślady w śniegu* (ruch okrężny językiem wokół warg). *Zmęczeni ciężko oddychają* (ziajanie przy otwartych ustach z płasko ułożonym na dnie jamy ustnej językiem). *Zawsze są zadowoleni ze wspólnej zabawy.*

7. Ćwiczenia artykulacyjne: „Popisy dykcyjne"

Kierujący ćwiczeniami wyjaśnia uczniowi termin „dykcja". Proponuje ćwiczenia dykcyjne z wykorzystaniem wierszyka „W lesie" (załącznik nr 14). Zachęca do czytania tekstu szeptem z wyrazistą pracą artykulatorów. W kolejnej próbie proponuje powtórzenie wiersza bezgłośnie z przesadnymi ruchami artykulacyjnymi odpowiadającymi poszczególnym głoskom tworzącym słowa. Prowadzący nagradza każdą podejmowaną przez ucznia próbę. Na zakończenie proponuje rozwiązywanie przez dziecko zagadek. Wyjaśnia, że uczeń powinien odgadnąć słowo ze wskazanego fragmentu wiersza wymawiane przez prowadzącego bez fonii. W tej zabawie uczestnicy powinni zamieniać się rolami.

8. Zabawa oddechowa: „Śnieżki"

Prowadzący prosi ucznia o uformowanie kuli z arkusza białego papieru. Poleca dziecku ułożenie jej na otwartej dłoni. Wyjaśnia, że zadanie polega na zdmuchnięciu śnieżki silnym, skoncentrowanym strumieniem wydychanego powietrza jak najdalej. Kierujący zabawą przypomina dziecku o prawidłowym torze oddechowym.

9. Rozwijanie kompetencji fonologicznych: „Poszukiwanie głoski"

Prowadzący prosi dziecko, by klasnęło w dłonie, gdy w wymawianym przez niego tekście (załącznik nr 14) usłyszy głoskę „sz".

10. Podsumowanie zajęć

Osoba prowadząca zajęcia wkleja do zeszytu ćwiczeń tekst wiersza (załącznik nr 14). Prosi o wykonanie w domu dodatkowych poleceń związanych z rymowanką. Dziękuje dziecku za pracę i nagradza je.

ZAŁĄCZNIK NR 14

Powtarzaj starannie wierszyk. Naucz się go na pamięć. Śpiewaj tekst na dowolną melodię. Czytaj wiersz głośno i bez fonii. Wykonaj ilustrację do jego treści.

W lesie

Śniegu tu w lesie po uszy
i nadal jak szalony prószy.
Świerki już mają puchowe szale,
na krzakach lśnią szronu korale.
Tylko wiatr szuka wśród chmurek
resztek śniegowych piórek.

SCENARIUSZ 5

Temat: Utrwalanie różnicowania artykulacji głosek „sz" i „ś" w trudnych słowach i złożeniach wyrazowych.

CELE ZAJĘĆ:
- wdrażanie do prawidłowego różnicowania artykulacji głosek „sz" i „ś" w trudnych słowach i złożeniach wyrazowych;
- usprawnianie funkcji narządów mowy – czynności oddychania, motoryki artykulatorów i fonacji;
- utrwalanie prawidłowego toru oddechowego;
- rozwijanie kompetencji fonologicznych.

METODY: słowna, pokazu, naśladownictwa, ćwiczeń praktycznych.

ŚRODKI DYDAKTYCZNE: lustro, łamigłówka „Skojarzeniówka" i „Rymy", kartonowe pudełko z uchylnym wieczkiem oraz kilka drobnych zabawek, zestaw obrazków, zestaw wyrazów do gry „Sylabowanki".

PRZEBIEG ZAJĘĆ

1. Powitanie

2. Sprawdzenie utrwalenia artykulacji w przekazanym do domu materiale językowym

3. Przedstawienie tematu zajęć

4. Ćwiczenia usprawniające pracę artykulatorów: „Szympansiątko"

Prowadzący umawia się z dzieckiem, że będzie włączało się do opowiadania we wskazanym momencie i w określony sposób. Ćwiczenia należy wykonać przed lustrem.

W rodzinie szympansów pojawił się Olo. Małe szympansiątko podskakiwało nieustannie (poruszanie czubkiem języka pomiędzy górnym a dolnym wałkiem dziąsłowym przy otwartych ustach). *Bujał się chętnie na długich lianach* (poruszanie czubkiem języka pomiędzy rozsuniętymi kącikami warg). *Głośno pokrzykiwał* (wymawianie połączeń samogłoskowych z wyraźną pracą warg: „a – u", „i – u", „e – o") *i pohukiwał* (wymawianie sylaby „hu" z wyraźnie zaokrąglonymi ustami). *Zrywał owoce z wysokich drzew* (dotykanie czubkiem języka górnych zębów). *Zjadał je ze smakiem* (uderzanie środkową częścią języka o podniebienie górne przy otwartych ustach) *i zadowolony oblizywał usta* (ruch okrężny językiem wokół rozchylonych ust). *Olo był urwisem, ale rodzice bardzo go kochali i często to okazywali, całując go* (cmokanie ustami).

5. Ćwiczenia artykulacyjne: „Skojarzeniówka"

Kierujący zabawą poleca uczniowi wykonanie zadania (załącznik nr 15). Polega ono na połączeniu czasowników z rzeczownikami tak, by utworzyć sensowne zwroty. Po zakończeniu zadania prowadzący prosi dziecko o ich staranne powtórzenie. Dba o poprawność artykulacyjną wymawianych słów.

*wykonaj przysiad, przesiej mąkę, odśnież chodnik, przyśpiesz kroku,
przygaś ogień, ulep śnieżkę*

6. Rozwijanie kompetencji fonologicznych: „Rymy"

Dziecko otrzymuje łamigłówkę (załącznik nr 16). Kierujący ćwiczeniami prosi o staranne przeczytanie umieszczonych w niej wyrazów. W przypadku trudności artykulacyjnych oznacza różnicowane głoski schematami w ustalonych kolorach. Prowadzący wyjaśnia, że zadanie polega na odszukaniu rymujących się haseł i połączeniu ich w pary. Następnie prosi o staranne powtórzenie utworzonych par wyrazów.

śmieszka – śnieżka, trzęsienie – przeniesienie, jaśniejszy – silniejszy, śpioszek – świętoszek, śmieszny – pośpieszny, musisz – kusisz, ośmieszenie – przyśpieszenie, otrzęsiny – przeprosiny

7. Zabawa oddechowa: „Pudełko z niespodzianką"

Prowadzący ustawia na stole przed uczniem kartonowe pudełko z uchylnym wieczkiem i małym przedmiotem wewnątrz. Wyjaśnia, że należy dmuchać na pokrywkę pudełka długo i z odpowiednim natężeniem wydychanego strumienia powietrza, tak by uchylić wieczko i zajrzeć do wnętrza. Przypomina dziecku o prawidłowym torze oddechowym. Zabawę ponawia, zmieniając w kolejnych rundach zawartość pudełka tak, by uczeń nie widział, co prowadzący w nim umieszcza.

8. Ćwiczenia artykulacyjne: „Nazywanie obrazków"

Dziecko otrzymuje tablicę z obrazkami (załącznik nr 17). Osoba kierująca zajęciami podaje związane z nimi złożenia wyrazowe. Przy każdym obrazku prosi o powtórzenie hasła przez ucznia. W drugiej serii prowadzący ponownie pokazuje kolejno obrazki, ale nie podaje wzorca słuchowego ich nazw. Poleca dziecku odpowiedzieć na pytanie: co to jest?

trzy śnieżki, śmieszny szop, pierwszy przebiśnieg, kiermasz książki, przymilny półuśmieszek

9. Rozwijanie kompetencji fonologicznych: „Sylabowanki"

Osoba prowadząca zajęcia układa przed dzieckiem stos kartoników z wyrazami (załącznik nr 18). Wyjaśnia, że składają się one z różnej ilości sylab. Rozpoczyna zabawę, biorąc pierwszy kartonik. Odczytuje wyraz, a następnie wymawia pierwszą sylabę hasła i przekazuje kartę dziecku. Jego zadanie polega na wymówieniu kolejnej sylaby wyrazu i przekazaniu kartonika do prowadzącego. Osoba, która wypowiedziała ostatnią sylabę hasła, zatrzymuje kartonik z wyrazem. Druga osoba wówczas bierze kolejny wyraz i gra toczy się dalej według ustalonych reguł.

*półuśmieszek, przysięga, siatkarz, przedsionek, chrześniak, książka,
Krzyś, śpioszki, krzesiwo, prześwit, przyśpiewka, przysiad*

10. Podsumowanie zajęć

Osoba prowadząca zajęcia wkleja do zeszytu ćwiczeń ucznia rozwiązane łamigłówki (załączniki nr 15, 16), zestaw obrazków (załącznik nr 17) oraz zestaw wyrazów (załącznik nr 18) do gry „Sylabowanki". Poleca dziecku utrwalenie materiału językowego podanego w łamigłówkach oraz powtarzanie nazw obrazków. Dziękuje uczniowi za pracę i nagradza go.

ZAŁĄCZNIK NR 15

SKOJARZENIÓWKA. Połącz czasowniki z rzeczownikami tak, by utworzyć sensowne zwroty. Powtórz starannie utworzone hasła.

OGIEŃ

WYKONAJ

CHODNIK

PRZYŚPIESZ

PRZYGAŚ

PRZYSIAD

ŚNIEŻKĘ

PRZESIEJ

KROKU

ULEP

ODŚNIEŻ

MĄKĘ

wykonaj przysiad, prześnij mąkę, odśnież chodnik, przyśpiesz kroku, przygaś ogień, ulep śnieżkę

ZAŁĄCZNIK NR 16

RYMY. Przeczytaj wyrazy. Odszukaj te, które tworzą rymy z hasłami umieszczonymi w ramkach, i połącz w pary. Powtórz powstałe rymy.

ŚMIESZKA

PRZYŚPIESZENIE

TRZĘSIENIE

KUSISZ

POŚPIESZNY

JAŚNIEJSZY

ŚMIESZNY

ŚNIEŻKA

SILNIEJSZY

ŚPIOSZEK

MUSISZ

PRZENIESIENIE

PRZEPROSINY

OŚMIESZENIE

OTRZĘSINY

ŚWIĘTOSZEK

śmieszka – śnieżka, trzęsienie – przeniesienie, jaśniejszy – silniejszy, śpioszek – świętoszek, śmieszny – pośpieszny, musisz – kusisz, ośmieszenie – przyśpieszenie, otrzęsiny – przeprosiny

ZAŁĄCZNIK NR 17

Powtórz starannie nazwy obrazków.

124

PÓŁUŚMIESZEK	PRZYSIĘGA
SIATKARZ	PRZEDSIONEK
CHRZEŚNIAK	KSIĄŻKA
KRZYŚ	ŚPIOSZKI
KRZESIWO	PRZEŚWIT
PRZYŚPIEWKA	PRZYSIAD

SCENARIUSZ 6

Temat: Utrwalanie różnicowania artykulacji głosek „sz" i „ś" w zdaniach z trudnymi słowami.

CELE ZAJĘĆ:
- wdrażanie do prawidłowego różnicowania artykulacji głosek „sz" i „ś" w zdaniach z trudnymi słowami;
- usprawnianie funkcji narządów mowy – czynności oddychania, motoryki artykulatorów i fonacji;
- utrwalanie prawidłowego toru oddechowego;
- rozwijanie kompetencji fonologicznych.

METODY: słowna, pokazu, naśladownictwa, ćwiczeń praktycznych.

ŚRODKI DYDAKTYCZNE: tablica z obrazkami i zdaniami, kilkanaście plastikowych lub drewnianych kostek domina, łamigłówka „Szyfrówka", zestaw zdań, zdania z podziałem na sekwencje sylabowe.

PRZEBIEG ZAJĘĆ

1. Powitanie

2. Sprawdzenie utrwalenia artykulacji w przekazanym do domu materiale językowym

3. Przedstawienie tematu zajęć

4. Ćwiczenia usprawniające pracę artykulatorów: „Lustro"

Kierujący zajęciami proponuje dziecku zabawę. Wyjaśnia, że ma ono spełniać rolę lustra, w którym odbijają się wykonywane przez prowadzącego dowolne ćwiczenia artykulatorów. W drugiej rundzie uczestnicy zabawy zamieniają się rolami.

5. Ćwiczenia artykulacyjne: „Obrazkowe zdania"

Kierujący prezentuje dziecku zdania z obrazkami (załącznik nr 19). Prosi ucznia o ich nazwanie. Następnie prowadzący wyjaśnia, że zadanie polega na powtarzaniu czytanych przez niego fragmentów zdań i uzupełnianie ich w odpowiednim miejscu nazwami obrazków. Prosi dziecko o odtworzenie zapamiętanych zdań. Dba o poprawność artykulacyjną wypowiedzi. W przypadku trudności artykulacyjnych prowadzący oznacza różnicowane głoski symbolami w ustalonych kolorach.

Janusz śpieszy się do szkoły.
Przyśnił mi się śmieszny wąż.
Ważka przysiadła w szuwarach.
Na świerku przyśpiewują ptaszki.
Pod śniegiem rośnie pierwszy przebiśnieg.

6. Rozwijanie kompetencji fonologicznych: „Język fantazji"

Osoba kierująca ćwiczeniami opowiada dziecku o możliwości tworzenia języka fantazji. Wyjaśnia, że polega on na dodawaniu w nagłosie do każdego wymawianego słowa sylaby „pa". Ponownie przedstawia uczniowi obrazki i zdania (załącznik nr 19). Prezentuje język fantazji, korzystając z wcześniej ćwiczonych zdań:

Pajanusz paśpieszy pasię pado paszkoły.

Następnie prosi dziecko o zamianę kolejnych zdań na język fantazji. Chwali każdą próbę.

Paprzyśnił pami pasię paśmieszny pawąż.
Pawążka paprzysiadła paw paszuwarach.
Pana paświerku paprzyśpiewują paptaszki.
Papod paśniegiem parośnie papierwszy paprzebiśnieg.

7. Zabawa oddechowa: „Domino"

Kierujący zabawą ustawia przed uczniem 2–3 szeregi z kostek domina. Przypomina o prawidłowym torze oddechowym. Poleca, by dziecko za pomocą jednego, długiego i skoncentrowanego strumienia powietrza dmuchało kolejno na szeregi tak, by się przewróciły. Prowadzący proponuje wykonanie zadania dwa razy.

8. Ćwiczenia artykulacyjne: „Szyfrówka"

Dziecko otrzymuje łamigłówkę z zaszyfrowanymi zdaniami (załącznik nr 20). Prowadzący wyjaśnia, że zadanie ucznia polega na ułożeniu zdań z wyrazów o takim samym kroju pisma i ich odczytaniu.

Łukasz nieśmiało wykrztusił przeprosiny.
Krzesimir przenosi do przedsionka wieszak.
Jaś przed śniadaniem przekąsił trzy wiśnie.

9. Rozwijanie kompetencji fonologicznych: „Sylabowe rytmy"

Kierujący zajęciami demonstruje dziecku rytm wyklaskiwany w sekwencjach po dwa dźwięki. Prosi ucznia o powtórzenie. Potem czyta zdania (załącznik nr 21) i prosi o ich powtarzanie. Ponownie wymawiając ich treść, wyklaskuje rytm w sekwencjach po dwie sylaby. Zadanie dziecka polega na powtórzeniu w taki sposób zrytmizowanego tekstu (załącznik nr 22). Podczas wykonywania ćwiczenia prowadzący dba o poprawność artykulacyjną wypowiedzi ucznia. W przypadku trudności artykulacyjnych dorosły oznacza różnicowane głoski symbolami w ustalonych kolorach.

Krzyś przesiadł się do Szymona.
Księgarz przekłada książki na regał.
Przeszliśmy szlakiem do szkółki leśnej.
W szopie potrzebuję jaśniejszego światła.

Krzyś prze siadł się do Szy mo na.
Księ garz prze kła da ksią żki na re gał.
Prze szli śmy szla kiem do szkół ki le śnej.
W szo pie po trze bu ję jaś niej sze go świa tła.

10. Podsumowanie zajęć

Kierujący zajęciami wkleja do zeszytu ćwiczeń wszystkie załączniki (nr 19–22). Poleca uczniowi staranne utrwalanie prawidłowej artykulacji zdań w domu. Zachęca do samodzielnego tworzenia zdań z wyrazów zawierających różnicowane głoski „sz" i „ś". Dziękuje dziecku za pracę i nagradza je.

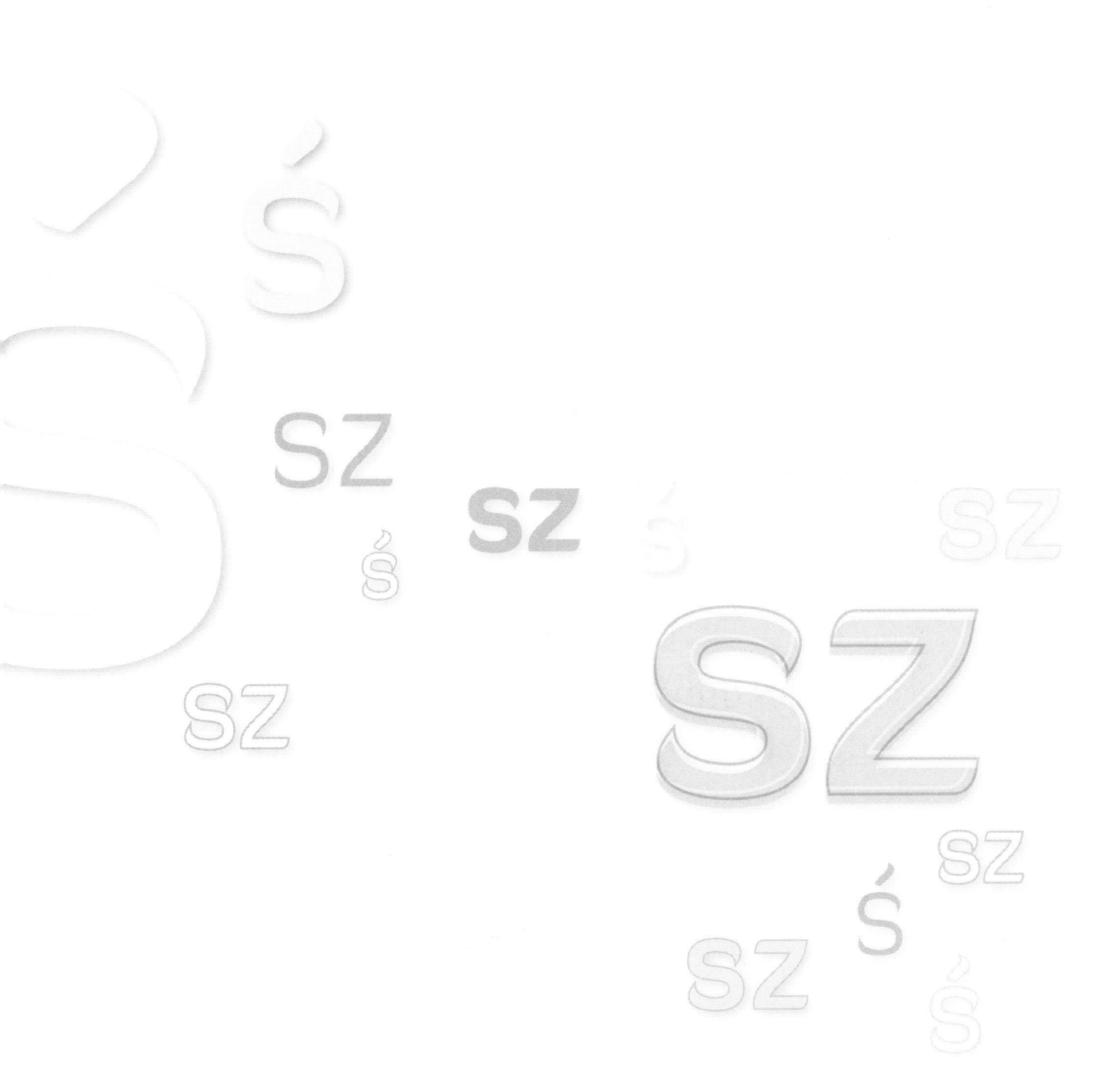

ZAŁĄCZNIK NR 19

Powtórz starannie związane z obrazkami zdania.

Janusz śpieszy się do 🏫 .

Przyśnił mi się śmieszny 🐍 .

🦋 przysiadła w 🌾 .

Na 🌲 przyśpiewują 🐦 .

Pod ❄️ rośnie pierwszy 🌷 .

ZAŁĄCZNIK NR 20

SZYFRÓWKA. Ułóż zdania z wyrazów o takim samym kroju pisma. Powtarzaj je starannie.

Łukasz	**przed**	*do*
przedsionka		**wiśnie.**
trzy	*przeprosiny.*	
przenosi		*Jaś*
śniadaniem		wieszak.
nieśmiało	Krzesimir	
przekąsił	*wykrztusił*	

ZAŁĄCZNIK NR 21

Powtarzaj starannie zdania.

Krzyś przesiadł się do Szymona.
Księgarz przekłada książki na regał.
Przeszliśmy szlakiem do szkółki leśnej.
W szopie potrzebuję jaśniejszego światła.

ZAŁĄCZNIK NR 22

Powtarzaj starannie zdania, wyklaskując rytm zgodnie z podziałem na sekwencje po dwie sylaby.

Krzyś prze   siadł się   do Szy   mo na.
Księ garz   prze kła   da ksią   żki na   re gał.
Prze szli   śmy szla   kiem do   szkół ki   le śnej.
W szo pie   po trze   bu ję   jaś niej   sze go   świa tła.

SCENARIUSZ 7

Temat: Utrwalanie różnicowania artykulacji głosek „sz" i „ś" w tekście z trudnymi słowami.

CELE ZAJĘĆ:
- wdrażanie do prawidłowego różnicowania artykulacji głosek „sz" i „ś"" w tekście z trudnymi słowami;
- usprawnianie funkcji narządów mowy – czynności oddychania, motoryki artykulatorów i fonacji;
- rozwijanie zasobów językowych;
- rozwijanie kompetencji fonologicznych.

METODY: słowna, pokazu, naśladownictwa, ćwiczeń praktycznych.

ŚRODKI DYDAKTYCZNE: tekst opowiadania „Baśniowe przygody", lustro, zestaw zdań, kilka ziaren groszku, pary wyrazów.

PRZEBIEG ZAJĘĆ

1. Powitanie

2. Sprawdzenie utrwalenia artykulacji w przekazanym do domu materiale językowym

3. Przedstawienie tematu zajęć

4. Ćwiczenia artykulacyjne: tekst „Baśniowe przygody"

Prowadzący zajęcia prosi dziecko o koncentrację uwagi i czyta tekst opowiadania (załącznik nr 23).

Baśniowe przygody

Krzysiowi przyśniła się śmieszna przygoda. We śnie prześladowała go przemyślnie przebrana królewna Śnieżka. Miała szare szaty i przypominała Królową Śniegu. Trzymała bukiet przebiśniegów, którymi kusiła małe szympansiątko. Jej twarz miała przymilny półuśmieszek. Krzyś obawiał się tego uśmiechu. Nagle Śnieżka przemieniła się w sierotkę Marysię, która przysiadła się do szympansiątka. Oboje przyśpiewywali radośnie i aż krztusili się śmiechem. Krzyś też się uśmiechał. W tym momencie przyszła mama i przerwała te baśniowe przygody. Poprosiła, by szybko przyszedł na śniadanie.

Po przeczytaniu opowiadania osoba prowadząca zajęcia pyta ucznia o zrozumienie jego treści. Wyjaśnia znaczenie nieznanych dziecku słów. Następnie ponownie czyta kolejne zdania tekstu i prosi ucznia o ich powtarzanie. W przypadku trudności artykulacyjnych prowadzący oznacza różnicowane głoski symbolami w ustalonych kolorach.

5. Ćwiczenia usprawniające pracę artykulatorów: „Mecz siatkówki"

Prowadzący umawia się z dzieckiem, że będzie włączało się do opowiadania we wskazanym momencie i w określony sposób. Ćwiczenia należy wykonać przed lustrem.

Jaś i Agnieszka chętnie grają w piłkę siatkową. Chodzą też na mecze ulubionej drużyny. Przyglądają się zawodnikom, którzy rozgrzewając się, odbijają piłkę o parkiet (rytmiczne poruszanie czubkiem języka pomiędzy górnym i dolnym wałkiem dziąsłowym przy otwartych ustach). *Sportowcy rozciągają mięśnie* (przemienne wysuwanie napiętego, wąskiego i szerokiego języka z ust) *i biegają wokół boiska* (poruszanie czubkiem języka wokół ust). *Gdy zaczyna się mecz, wszyscy są nim bardzo zainteresowani. Na widowni słychać okrzyki* (wymawianie z wyraźnymi ruchami warg sylab „och", „ech", „uch"), *oklaski* (klaskanie szerokim językiem o podniebienie) *i gwizdy* (gwizdanie z czubkiem języka ułożonym na dolnym wałku dziąsłowym i z wyraźnie zaokrąglonymi ustami). *Piłka szybko przemieszcza się ponad siatką* (poruszanie czubkiem języka pomiędzy rozciągniętymi kącikami ust). *Raz podawana jest do przodu* (wysuwanie szerokiego języka z ust), *a raz do tyłu* (przesuwanie czubka języka od górnego wałka dziąsłowego po podniebieniu górnym w głąb jamy ustnej). *Często rozgrywana jest pomiędzy trzema zawodnikami na polu* (kierowanie czubka języka do wybranych trzech górnych zębów) *i czasem mocno ścinana na połowę przeciwnika* (przesuwanie czubka języka z górnego do dolnego wałka dziąsłowego przy otwartych ustach). *Jasiowi i Agnieszce bardzo podoba się to sportowe widowisko.*

6. Ćwiczenia artykulacyjne: „Szybko – wolno"

Prowadzący poleca dziecku przeczytanie tekstu „Baśniowe przygody" (załącznik nr 23), tak by na przemian zwalniało i przyspieszało tempo artykulacji w każdym zdaniu.

7. Ćwiczenia artykulacyjne: „Prawda czy fałsz?"

Kierujący zajęciami ponownie czyta tekst „Baśniowe przygody" (załącznik nr 23). Następnie kolejno prezentuje zdania (załącznik nr 24). Prosi ucznia o ich staranne powtórzenie i określenie, czy są one prawdziwe – czy odpowiadają treści tekstu „Baśniowe przygody".

Krzyś obawiał się Śnieżki.
Śnieżka trzymała bukiet róż.
Szympansiątko było kuszone przebiśniegami.
Sierotka Marysia przemieniła się w Śnieżkę.
Krzyś i szympansiątko przyśpiewywali radośnie.
Mama przerwała Krzysiowi baśniowe przygody.

8. Zabawa oddechowa: „Nasiona groszku"

Kierujący zabawą układa przed dzieckiem kilka ziaren groszku w jednym rzędzie. Wyjaśnia, że zadanie polega na kolejnym przemieszczeniu wszystkich nasion za pomocą pulsacyjnego, silnego strumienia powietrza na jednym wydechu. Przypomina o prawidłowym torze oddechowym, czyli krótkim wdechu powietrza nosem i długim wydechu ustami.

9. Rozwijanie kompetencji fonologicznych: „Szukanie samogłosek"

Osoba kierująca zajęciami czyta pary wyrazów (załącznik nr 25) i prosi ucznia o ich staranne powtórzenie. Następnie ponownie kolejno czyta podane zestawy wyrazów i poleca wskazanie, w którym znajduje się wymieniona przez nią samogłoska.

baśniowe – przygody (Gdzie jest samogłoska „e"?)
przemyślnie – przebrana (Gdzie jest samogłoska „a"?)
szare – szaty (Gdzie jest samogłoska „y"?)
trzymała – przebiśniegi (Gdzie jest samogłoska „i"?)
przymilny – półuśmieszek (Gdzie jest samogłoska „u"?)
przyśpiewywali – radośnie (Gdzie jest samogłoska „o"?)

10. Podsumowanie zajęć

Prowadzący zajęcia wkleja do zeszytu ćwiczeń tekst opowiadania (załącznik nr 23), wykonane zadanie (załącznik nr 24) oraz pary wyrazów (załącznik nr 25). Prosi o wykonanie w domu dodatkowych poleceń związanych z tekstem. Dziękuje dziecku za pracę i nagradza je.

Załącznik nr 23

Powtarzaj starannie tekst opowiadania. Samodzielnie przeczytaj tekst. Zmieniaj tempo i natężenie artykulacji w kolejnych zdaniach.

Baśniowe przygody

Krzysiowi przyśniła się śmieszna przygoda. We śnie prześladowała go przemyślnie przebrana królewna Śnieżka. Miała szare szaty i przypominała Królową Śniegu. Trzymała bukiet przebiśniegów, którymi kusiła małe szympansiątko. Jej twarz miała przymilny półuśmieszek. Krzyś obawiał się tego uśmiechu. Nagle Śnieżka przemieniła się w sierotkę Marysię, która przysiadła się do szympansiątka. Oboje przyśpiewywali radośnie i aż krztusili się śmiechem. Krzyś też się uśmiechał. W tym momencie przyszła mama i przerwała te baśniowe przygody. Poprosiła, by szybko przyszedł na śniadanie.

ZAŁĄCZNIK NR 24

Przeczytaj starannie zdania. Zdecyduj, które z nich są zgodne z treścią tekstu „Baśniowe przygody". Przekreśl fałszywe zdania.

Krzyś obawiał się Śnieżki.
Śnieżka trzymała bukiet róż.
Szympansiątko było kuszone przebiśniegami.
Sierotka Marysia przemieniła się w Śnieżkę.
Krzyś i szympansiątko przyśpiewywali radośnie.
Mama przerwała Krzysiowi baśniowe przygody.

ZAŁĄCZNIK NR 25

Powtórz wyrazy parami. Odpowiedz na pytania.

baśniowe – przygody (Gdzie jest samogłoska „e"?)
przemyślnie – przebrana (Gdzie jest samogłoska „a"?)
szare – szaty (Gdzie jest samogłoska „y"?)
trzymała – przebiśniegi (Gdzie jest samogłoska „i"?)
przymilny – półuśmieszek (Gdzie jest samogłoska „u"?)
przyśpiewywali – radośnie (Gdzie jest samogłoska „o"?)

Bibliografia

1. Lipowska M., *Profil rozwoju kompetencji fonologicznej dzieci w wieku przedszkolnym*, Oficyna Wydawnicza Impuls, Kraków 2001.

2. Rodak H., *Terapia dziecka z wadą wymowy*, Wydawnictwo Uniwersytetu Warszawskiego, Warszawa 2002.

3. Słodownik-Rycaj E., *Gry i zabawy językowe: jak pomagać dziecku w przyswajaniu języka*, Wydawnictwo Akademickie „Żak", Warszawa 2001.

4. Sprawka R., *Łamigłówki logopedyczne. Zadania ułatwiające terapię logopedyczną głosek dentalizowanych*, Wydawnictwo Harmonia, Gdańsk 2008.

5. Styczek I., *Zarys logopedii*, PWN, Warszawa 1970.

WYDAWNICTWO HARMONIA
poleca:

ROMANA SPRAWKA
Terapia logopedyczna głosek szeregu syczącego

ROMANA SPRAWKA
Terapia logopedyczna głosek szeregu szumiącego

    Prezentowane pozycje są zbiorami 15 scenariuszy z kompletami załączników, do których należą zestawy wyrazów i tekstów, materiał obrazkowy oraz zadania i łamigłówki. Publikacje te służyć mogą jako podstawa terapii logopedycznej głosek szeregu syczącego i szumiącego. Książki adresowane są do logopedów rozpoczynających karierę zawodową, nauczycieli nauczania zintegrowanego oraz rodziców, którzy pragną aktywnie uczestniczyć w procesie terapii prowadzonej przez specjalistę.

ROMANA SPRAWKA
Łamigłówki logopedyczne

ROMANA SPRAWKA
Łamigłówki logopedyczne z głoską r

    Są to zbiory blisko 90 różnorodnych pod względem treści i formy zadań do wykorzystania w pracy z dziećmi w wieku od 4 do 10 lat, które mają trudności z realizacją głosek dentalizowanych lub głoski *r*. Zadania ułożono zgodnie z zasadami postępowania logopedycznego.

Maria Faściszewska
Cienie logopedyczne. Głoski szumiące

Maria Faściszewska
Cienie logopedyczne. Głoski ciszące

Maria Faściszewska
Cienie logopedyczne. Głoski syczące

To zestawy 90 kolorowych obrazków, ich prawdziwych i fałszywych cieni oraz kart pracy. Publikacje przeznaczone są do ćwiczeń w utrwalaniu prawidłowej wymowy głosek szumiących, ciszących i syczących, a także w rozwijaniu percepcji wzrokowej. Książki przeznaczone są dla logopedów, pedagogów, nauczycieli przedszkoli, nauczycieli nauczania początkowego, a także rodziców.

Magdalena Hinz
Sudoku logopedyczne do ćwiczenia wymowy głosek szumiących

Sudoku to diagram, który należy uzupełnić według pewnych reguł. Aby to zrobić, gracz musi wykazać się przede wszystkim umiejętnością logicznego myślenia, spostrzegawczością oraz cierpliwością.

W tej publikacji sudoku są przygotowane z myślą o dzieciach, szczególnie tych, które mają problemy z prawidłową wymową głosek szumiących. Dlatego elementami, które maluch musi uzupełnić, są obrazki lub wyrazy z tymi głoskami.

Elżbieta Szwajkowska, Witold Szwajkowski
Rymowanki na trzy szeregi logopedyczne: ciszący, syczący, szumiący

W książce znajduje się zbiór rymowanek przeznaczonych do ćwiczeń logopedycznych. Umieszczono tu po 60 wierszyków dla każdego szeregu głosek: syczącego (s, z, c, dz), szumiącego (sz, ż/rz, cz, dż) i ciszącego (ś, ć, ź, dź) oraz 100 utworów zawierających wyrazy z głoskami ze wszystkich trzech szeregów. W rymowankach poświęconych danemu szeregowi nie występują żadne głoski z pozostałych szeregów.

Wysuń język jak najdalej i nie przejmuj się tym wcale – logopedyczne ćwiczenia buzi i języka

To zbiór ćwiczeń logopedycznych wspomagających naukę prawidłowej artykulacji. Ćwiczenia przeznaczone są dla dzieci w wieku przedszkolnym i wczesnoszkolnym. Można je wykorzystywać zarówno podczas terapii indywidualnej, jak i grupowej, a także na zajęciach korekcyjno-kompensacyjnych. Służą przede wszystkim usprawnianiu narządów artykulacyjnych: żuchwy, warg, języka, podniebienia, policzków. Wszystkie zaproponowane ćwiczenia zilustrowano fotografiami, na których dzieci prezentują sposób wykonania zadania.

Buźki – zabawa logopedyczna

Buźki to zabawa logopedyczna dla dzieci w wieku przedszkolnym i wczesnoszkolnym, wspomagająca naukę prawidłowej wymowy i usprawnianie narządów artykulacyjnych: żuchwy, warg, języka, podniebienia, policzków. Zabawa składa się z dwóch talii po 48 kart. Awers każdej karty to fotografia, na której dziecko prezentuje „buźkę" (określony układ logopedyczny), na rewersach znajdują się krótkie polecenia. Jedną talię kart otrzymuje dziecko, drugą osoba z nim pracująca. Ćwiczenia polegają na pokazywaniu (zgodnie z poleceniem i fotografią) oraz odgadywaniu „buziek".